INTRODUCTION

大局観がなければ、マーケティングの成果は上がらない

日本でも「マーケティング」という言葉がすっかり定着した昨今。書店やネットメディアでは、マーケティングに関するさまざまな本や記事を目にする機会が多くなりました。ただ、残念なことに、それらの多くがある限られた分野を「マーケティング」と呼び、そのことだけを解説するケースが非常に多く思えます。

たとえば最近では、「ブランディング」や「データ・マーケティング」への注目が高まっているようですが、単なるブランド・コミュニケーションやデータ分析による効率改善を「マーケティング」と称して解説している記事が目に留まります。もちろん、そうした分野を掘り下げて解説することにも意味はあります。しかし、実は「マーケティング」というのは、本来もっと幅広い活動なのです。

マーケティングはひとつの手法でも、企業活動の中におけるコミュニケーション分野のことでもなく、あくまでも商売そのものです。あえて定義するなら、マーケティングとは、**①人の心に何かしらの影響を及ぼして結果的に行動を変えること、②目的達成のためにすべきすべてのことを行うこと、③成功が継続するような仕組みを作ること**、です。この3つがそろって初めてマーケティングだと私は思っています。

たとえば、人の心を動かして行動を変えるという意味では、政治家が選挙で一票を入れてもらうというのも立派なマーケティングです。シャンプーを一個買ってもらうのと、基本的なロジックは同じです。

また、あるひとつの製品やサービスを売るためには、考えなければいけないこと、やらなければならないことがたくさんあります。つまりマーケティングには、それらを全部考えて、必ずしも誰の仕事でもないけど必要なアクションすべてを拾って実行していくという「プロデュース」の面があるわけです。要するに**その商売にかかわる多岐にわたる必要なことをすべてやる**というのがマーケティングなのです。

さらに、**継続してビジネスが成長する仕組みを作るのもマーケティング**です。「一発当てる」だけではマーケティングとは呼べません。将来もその成功を続けられる仕組みがあってこそのマーケティングなのです。たとえば、近年盛んにもてはやされている「ブランディング」も、あくまで「成功を継続する仕組みのひとつ」です。また成功の仕組みを方程式化・形式知化して、自分ではなく他の人が担当しても成功が継続するようにすることや、強い組織を作るのも、マーケティングです。こうしたいわば**「大局観」**がなければ、マーケティングの成果は上がりません。

大局観といっても、マーケティングの実務者は、何かしらの分野をそれぞれ担当しているわけです。その分野は、よく知られているように**「4P」**、①商品（Product）、②価格（Price）、③プロモーション（Promotion）、④流通（Place）に大別できます。この4Pは売り手側の分け方で、それに買い手側から見た**「4C」**、①顧客価値（Customer Value）、②顧客にとっての負担（Cost）、③顧客とのコミュニケーション（Communication）、④顧客の入手容易性（Convenience）というフレームワークもよく知られています。このうちのどれか、あるいは複数をマーケティングの担当者は所属する企業で担当しているはずです。ただし、マーケティング担当者の業務は近年、さらに複雑性を増しています。

たとえば、ここ数年で消費者が目にするメディアの数が爆発的に増えています。また世代や趣味嗜好によって、見ているメディアが異なってきています。これは消費者にリーチする方法が増えていることと同時に、これまでのように**「ここだけを押さえておけば安心」というようなメディアがなくなってきている**ことを意味しています。

また、これまでは情報を受け取る側だった顧客が、情報を発信する側になるというソーシャルメディアも大きな影響力を持つようになってきました。なので、あるプロモーションを行う際にも、マス・コミュニケーション担当とデジタル担当が分かれていたり、デジタル担当の中でも、オウンドメディア*とソーシャルメディア担当が分かれているなど、どんどんマーケティングの業務が細分化されつつあります。

実際、私もたくさんのマーケティングの実務者から「こんな時は、どのような考え方で仕事をしたらよいのでしょう?」と質問される機会が増えてきています。

私は経営とマーケティングのスペシャリストとして、大企業からベンチャー的企業まで、さまざまな製品・サービスやいろいろな業界を経験してきました。P&G、戦略コンサルティング会社、ヘンケル、ワールド、マクドナルド、そしてナイアンティック。およそ30年に及ぶ最前線での経験を通じて、どんなに商材や業界が違っても、そこで考えるべき「商売の原則」は同じだということに気がつきました。

つまり、**どんな製品・サービスや業界にも通じるマーケティングの原則がある**のです。それを一冊に、しかも退屈な教科書ではなくて、たくさんの実例が登場するわかりやすくておもしろい本にしたいと考え、本書をまとめました。マーケティングの実務者の方が、担当しているマーケティングについての「こんな時は、どうしたらいいんでしょうか?」という質問に対して、いわば「ワン・オン・ワン」(一対一)で答えていくようなイメージです。すべてのマーケティング担当者にとって**「困った時に、すぐ使える本」**を目指しました。この本を最初から最後まで順番に、通して読む必要は、まったくありません。どうぞ、ご自分に必要な部分だけ、ご自分が困っている部分だけを抜き読みしてください。

なお、共著者の土合朋宏は、一橋大学商学部竹内弘高ゼミナールの同級生で、戦略コンサルティング会社、日本コカ・コーラ、20世紀フォックスホームエンターテイメントなどを経て、現在は外資系映画配給会社の日本におけるマーケティングの責任者として、その辣腕《らつわん》をふるっています。私とはまったく異なる業界でマーケティングに携わり、長年にわたって活躍してきた彼の、マーケティングに対する知見と鋭い視点、深い洞察がなければ、このような本を世に出すことはできなかったでしょう。

＊ 自社が所有する情報発信媒体。

この本から何らかの刺激やヒントを得て、読者の皆様が担当する製品やサービスの売り上げや利益が、少しでも向上するよう、心から願っています。

2020年1月　足立 光

*本文中、基本的に人物の敬称は省略しました。あらかじめ謝意を表しておきます。

世界的優良企業の実例に学ぶ「あなたの知らない」マーケティング大原則

Principles of Marketing

足立 光
土合朋宏

朝日新聞出版

CONTENTS

PART 3
消費者コミュニケーション

217

CONTENTS

Cover :
Designed by Hijiri Amaike

Camouflage Pattern :
Designed by Freepik

PART

1

Basics of Marketing

マーケティングの基礎

Chapter 1

STRATEGIC
CONCEPT

第１章

戦略的コンセプト

コミュニケーションが複雑になっている現代では、すべてを一緒に考えるための「コンセプト」がより重要になってきています。5つの「戦略的コンセプト」を定義することで、ブランド、製品・サービス、コミュニケーション、イベントなどを統合し、効率的かつ効果的なマーケティングが可能になるのです。

マーケティングの中心「コンセプト」とは

今日のマーケティングは、製品やサービスも、ブランドも、それをどう消費者に対してコミュニケーションしていくかも、すべて一緒に考えないといけない時代です。

これまでは多くの場合、企業の中で担当者がそれぞれ異なるなどの理由から、バラバラに考えられることも多かったはずです。しかしそれでは、もはや思うような成果は上がりません。

その理由は、これから各章で適宜、説明していきますが、では、「すべて一緒に考える」ためには、どうすればいいのでしょうか。

最も重要になるのは、やはり**「コンセプト」**です。ブランドのコンセプト、製品・サービスのコンセプト、コミュニケーションのコンセプト、イベントのコンセプトなど、**コンセプトこそマーケティング活動のすべての中心**でしょう。これがなければ、何の企画の立案も施策の実行もできるはずがありません。念のため、辞書的に確認しておくと、コンセプトとは「全体に貫かれた骨格となる発想や観点」という意味になります。

従来のマーケティングにおいて、コンセプトは「誰に何を提供するか」であると説明されることが多いようです。そして、代表的なコンセプト開発のためのフレームワークといえば**「ABC」**でしょう。①ターゲット消費者（Audience）、②消費者便益（Benefit）、③説得力のある「信じる理由」（Compelling Reason Why／単に「信じる理由」〈Reason to Believe〉とも言う）という3つの要素で構成されます。

たとえば、ファミリーカー向けのタイヤのコンセプトなら、①ターゲット消費者／幼い子どもを持つ両親、②消費者便益／「〇〇タイヤ」は愛する人の命を守るために最も安全なタイヤである、③信じる理由／2層構造の「〇〇タイヤ」はどんな気候条件でも道路をしっかりとらえるため、事故が起きにくい、という具合になります。

　これが今まで一般的に使われてきた「コンセプト」ですが、冒頭で述べたように「すべて一緒に考える」ためにも、この「コンセプト」をさらに進化させた、**5つの要素からなる「戦略的コンセプト」**を考えることをおすすめします。5つの要素を覚えやすいように、【図1】のように英語での表記の頭文字をとって、「ABCDE」としています。

①　ターゲット〈A：Audience〉

②　消費者便益〈B：Benefit〉

図1　戦略的コンセプト

ABCDE	ターゲット	A：Audience
	消費者便益	B：Benefit
戦略的コンセプト	カテゴリー	C：Category
	差別点	D：Point of Difference
	トンマナ（トーン&マナー）	E：Emotional Character

③　カテゴリー〈C：Category〉
④　差別点〈D：Point of Difference〉
⑤　トンマナ（トーン＆マナー）〈E：Emotional Character〉

この5つの要素を定義することによって、ブランドや製品・サービス、コミュニケーション、イベントなど、すべてのマーケティングを一貫性を持ちながら、効率的かつ効果的に考えることができるようになります。

戦略的コンセプトの5つの要素

①ターゲットは、その製品やサービスを使ってもらいたい消費者のことです。性別や年代、ライフステージなどの他、アウトドア志向の人や猫好きの人といった嗜好性に応じたターゲットもあるでしょう。ここで重要なのは、**最終的にどのようなメディアでコミュニケーションをするかを想定しながらターゲットを決めること**です。どんなに精緻《せいち》にターゲットを設定しても、そのターゲットに効率的にリーチできるメディアがなければ、机上の空論です。

②消費者便益は、ターゲットに対して訴求すべき製品・サービスの便益です。たとえば、「名探偵コナン」なら「夏休み、親子で楽しめるサスペンス・ミステリー」。「００７」なら「夏の夜、恋人と見に行けるサスペンス・アクション」といった具合になります。ＩＴ系のサービスなどでは、ついつい新機能などを訴求したくなりますが、あくまでそれらの機能で消費者にどのような便益があるかが大切です。機能的な便益もあれば、「家族と楽しく」といった情緒的な便益もありえます。ここで差別化できれば素晴らしいですが、コモディティなどの場合、ここは他社製品と同様の便益（たとえば洗剤なら、「汚れがよく落ちる」）になり、ここでは差別化はできないこともあります。

③カテゴリーは、ドメインやジャンルとも言い、ライバル（競合）は何かという、ポジショニングにかかわる要素です。たとえばコカ・コーラは、カテゴリーを「コーラ飲料」と定義したら競合は「ペプシ」になります。けれども「飲料」としたら、ビールもコーヒーも水も、人が口にする飲み物は全部ライバルになるわけです。それを「ソフトドリンク」という定義にすると、お酒以外の飲み物が競合になります。製品・

サービスのカテゴリーをどう定義するかによって、想定する競合が変わってくるため、広告や施策がまるで違ってくるわけです。

コカ・コーラのカテゴリーがコーラ飲料なら、ペプシに対抗できる便益（ベネフィット）を提供しないといけません。ソフトドリンクなら、「お～いお茶」を飲まずにコカ・コーラを飲んでくださいといった便益を提供しないといけないことになります。

またマクドナルドの場合なら、カテゴリーを「サンドイッチ系のファストフード」とすれば、競合は「モスバーガー」や「KFC」となりますが、実際の競合はそうではありません。大きな競合は、コンビニや街の中華料理店、回転寿司などです。

子どもが喜んでくれて、リーズナブルな食事をしたいお母さんたちは、「今日は中華か、回転寿司か、マックか」、そんなふうに決めています。外食の中でのセグメントは違っても、間違いなく競合しています。ガッツリと食べたい一人客では、たとえば吉野家が競合になります。朝食では、営業している外食が少ないこともあり、コンビニが最大の競合になります。

つまり、カテゴリーや競合は、製品・サービスという提供側の論理ではなく、**「消費者が何をどう選択しているか」という視点で決まる**わけです。必ずしも同じような業態・製品・サービスではないものが実は競合している、というケースが少なくありません。ＪＲ東海が新幹線での帰省を訴求した「シンデレラ・エクスプレス」キャンペーンを企画した時に想定した競合は、飛行機や自動車ではなく、「電話（そもそも帰らないこと）」であったのは有名です。正しい戦略を作るためには、その製品・サービスが顧客視点から何と競合しているのか、という**ドメインを的確に見極めることが重要**なのです。

④差別点は、ターゲットに対して訴求する製品・サービスの便益が他より優れていると、消費者に信じてもらえる要素です。たとえば、「名探偵コナン」を「おもしろい」と推薦するのには、「子どもの気持ちを代弁する子どもが主役であること」がいいでしょうし、「００７」なら世界を飛びまわって活躍するアクションシーンかもしれません。Ｂ２Ｂのクラウドサービスなら、実際にサービスを使用している顧客が「事務効率が格段に上がりました！」と証言するのも、信じる理由（あの人が言うなら、本当かも）です。洗剤などでは、「新しい成分が、衣類の繊維の奥まで浸透」といった要素になります。ゲームアプリなどで「世界で10億人がダウンロード」というようなメジャー感を出すのも、「多くの人がすでに使っている」＝たくさんの人がおもしろいと思っているという差別点になります。

⑤トンマナ（トーン＆マナー）は、商品や広告のデザインのクリエイティブでよく使われる言葉です。たとえば、「名探偵コナン」のテレビCMと「００７」のテレビCMのトンマナは、同じサスペンスであっても、画面の色調は前者が明るい鮮やかな色調、後者が渋い落ち着いた色調などと、まったく違うわけです。

伝統的な「ABC」にはトンマナが入っていませんが、それは、消費材を中心に考えたコンセプトの構成要素であるからで、かつ当時はビジュアルをあまり重視する必要がなかったからでしょう。画像や動画があふれる現在では、たとえ消費材といえどもビジュアルを重視しないマーケティングはあり得ません。ブランドとして製品のパッケージやPOPから、ウェブサイトやコミュニケーションまで一貫性を持たせるためには、この「トンマナ」を最初に設定しておくとブレません。

たとえば、新製品の洗剤のマーケティングで、科学的な優位性を消費者に伝えようと思ったら、広告はもちろん、製品パッケージのビジュアルでも、科学的に信頼性があるようなトンマナにする必要があります。しかも、ターゲットである主婦にも響く、かつそのブランドらしい（差別化された）トンマナが求められるわけです。

それらを統一するのがトンマナです。**デザインの方向性だけにとどまらず、音楽や**

雰囲気なども含む全体的な要素を定義して、共通認識にしておくことが大切です。

こうした広い意味でのトンマナを「ブランドキャラクター」や「ブランドパーソナリティ」などと呼んで、コンセプト設定の上で重視している会社もあります。今日では、**トンマナを考えて、その一貫性を保つのもマーケターの重要な仕事**になっているのです。

実践的なコンセプトボードを開発する

新製品開発にかかわる調査には、よく「コンセプトボード」が使われます。消費者インサイト（インサイト=心に響くポイント）や消費者便益（ベネフィット）、差別点、それらを表現するビジュアル、価格などが盛り込まれているボードで、その作成に携わったことのあるマーケティング担当者も多いことでしょう。

「あなたはこんなことで困っていませんか」（インサイト）、「新しい商品はこんなことができます」（消費者便益）、「できる理由はこういう理由です」（差別点）といったことをきちんと伝えるのが、コンセプトボードの役割です。

インサイト、消費者便益、差別点が機能的なもの——たとえば、シャンプーの新製品なら、フケに困っていませんか、このシャンプーはフケが出なくなります、フケを抑える成分が既存品の3倍入っています――であればわかりやすいでしょう。広告に落とし込む際にもイメージしやすいわけです。

一方で、それらが情緒的なもの――たとえば、同じシャンプーでも、愛する人にもっと愛されたくありませんか、このシャンプーは愛する人にもっと愛される香りがします、このシャンプーはいい香りの〇〇成分が入っています――であればあるほど、わかりにくくなるでしょう。「愛する人」といっても、子どもなのか、恋人なのか、友達なのか、人によってはペットかもしれません。つまり、実際の広告やコミュニケーションがそのコンセプトから乖離《かいり》する危険性が高まるわけです。

そんなことはない、と思われるかもしれません。ならば、ご自分の会社で、コンセプトテストで使われたコンセプトボードと、最終の広告を見比べてみてください。コンセプトテストで見せた内容と、実際の広告がまったく違うものになっている例は、決して少なくありません。

つまり、コンセプトボードを作る時には、最終的に消費者に見せる広告と同じくらいのクオリティーの言葉を使っておかないと、コンセプトと実際のキャンペーンが乖離してしまい、コンセプトテストをする意味がないのです。なので、コンセプトボードと一緒に、実際のキャンペーンでどのようなコピーやビジュアルを使っていくのか、同時に開発してあげることが重要だと思います。

言うまでもないことですが、17ページ以降で説明した「コンセプト」を紙に表現したものがコンセプトボードです。なので、できれば、新製品のコンセプトを開発する段階で、最終のコミュニケーションを作る広告代理店などに参画してもらい、広告をテストするつもりでコンセプトボードを作ったほうがいい、と思います。そうすれば、コンセプトボードを使ったリサーチで評価の高かった言葉やビジュアルをそのままプロモーションなどにも使うことで、マーケティング活動が成功する確率を高めることができるわけです。

ただし、インサイトや消費者便益、差別点を何も伝えていない広告やコミュニケーションというのも少なくありません。たとえば、人気歌手のアヴリル・ラヴィーンが出演するネイチャーラボの柔軟剤「ランドリン」のCM。彼女が音楽に合わせて楽しそうに家の中を歩き回って、部屋のあちこちに柔軟剤が置いてあるというだけの映像です。インサイトも消費者便益も差別点も、何も明確に訴求していません。まるでミュージックビデオのようで、もしかしたら柔軟剤の広告だということも伝わらないかもしれません。でも、商品自体はそれなりには売れているわけです。

こういう広告は昔からありました。有名なのは世界的俳優チャールズ・ブロンソンが出演した「うーん、マンダム」。1970年に放映された丹頂（現マンダム）の男性化粧品ブランドのCMで、大流行しました。見方によってはチャールズ・ブロンソンみたいな格好いい男になれるという消費者便益を伝えているのかもしれませんが、具体的には何も言っていません。それでも、ブランドの知名度や売り上げは格段に上がったわけです。

こうした有名人を起用したプロモーションは「セレブリティ・マーケティング」と呼ばれています。たしかにキャンペーン自体への注目度は高くなるでしょう。ただし、そのおかげで認知が上がって売れたとしても、製品サービス自体がよくなければ当然リピート購買はされませんし、せっかくの広告で製品サービスの特長を伝えていないので、何をしてくれるブランドかという想起につながりにくいことは間違いありません。いろんな広告に出ている旬なタレントを使ったりすれば、消費者が何の広告か混乱するでしょうから、なおさらです。

なので、**セレブリティ・マーケティングは投資額が高いわりには成功率が低いので、投資対効果の面から言うと、あまりおすすめできない手法**です。

とはいえ、**インサイトや消費者便益、差別点を明確に伝えるだけでなく、何となくその雰囲気を感情に訴えたほうが売れるということがあるのもたしか**なのです。ただ、なかなか簡単ではありませんが。

従来のコンセプトボードで調査をするだけでは、何が感情に訴えるかということは理解できないと思います。これからは、映像や音楽およびトンマナなど何かしら感情に訴えるものも加えた「コンセプトボード（あるいはコンセプト・ビデオかもしれません）」をリサーチにかけるようにしたほうがいいのかもしれません。

？ブランドの「目的」とは何か

「ブランドパーパス」というブランドの「目的」を設定している会社もあります。P&GのグローバルCMO（最高マーケティング責任者）を長く務めたマーケティングコンサルタントのジム・ステンゲルは、その重要性を盛んに唱えています。**「このブランドは何のために存在しているのか」「なくなったら何が変わるのか」というブランドの存在意義や提供価値にかかわる問いに対する答えが「ブランドパーパス」**です。

たとえば、P&Gの「パンパース」のブランドパーパスは「赤ちゃんの笑顔」です。

それは同時に「お母さんの笑顔」を意味しています。つまり、パンパースのマーケティング担当者の仕事は赤ちゃんとお母さんを笑顔にすること、というわけです。

また、「企業ブランド」が唯一のブランドである会社が、自社が何のために存在しているのか、**何が自社の提供価値なのかという「パーパス」を規定するのは、とても大切**なことです。会社によっては、これを「ミッション（使命）」と言ったりしています。たとえば、P&GではPVP（Purpose, Values, Principles）、つまり企業目的、共有する価値観、行動原則を規定していました。

なぜ企業にとって、パーパスやミッションといった大きな価値を決めておくことが大切なのでしょうか。

それは、これを明確に規定しておくと、社長を含めた全社員がその大枠にそぐわないことをしなくなるからです。パーパスやミッションは意思決定の「正当性」を判断する規範になるので意思決定の際に、その判断がブレにくくなるわけです。

こうした効果は、ブランドパーパスも同じでしょう。その大枠をはみ出していろいろなことをやりだすと、どんどんブランドのイメージが拡散し、価値が疲弊していきます。つまり、**ブランド価値を長く維持するためには、「これはやる、これはやらない」と、同じ基準で明確に判断していく必要がある**わけです。

Chapter 1

絶対原則

コンセプトこそ、
マーケティング活動すべての中心

従来の「ターゲット」「消費者便益」
「差別点」に加えて、「カテゴリー」「トンマナ」も
コンセプトとして定義する

カテゴリーや競合は、供給者目線ではなく、
「消費者がどう選択しているか」という視点で決まる

コンセプトをテストする時に使う素材
（言葉やビジュアル）と、実際の広告やコミュニケーションの
ギャップが少ないほど、成功の確率が上がる

自社の提供価値を明確に規定して、
社員と共有できていると、
意思決定の際に判断基準がブレない

Chapter 2

MARKETING STRATEGY

第2章 マーケティング戦略

既存製品・サービスの売り上げや利益を拡大していくのは、マーケティング担当者の使命です。本章ではどの層を狙うべきかを考えるセグメント、製品を変えずに売る方法、ユーザーに刺さる便益（ベネフィット）、差別化の具体的な方法など、実践的なマーケティング戦略について解説していきます。

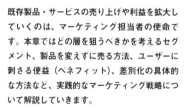

9分割のセグメントでターゲットを考える

ほとんどのマーケティング担当者は、自分の担当する製品やサービスがあって、その売り上げや利益を拡大していくというような使命を持っているはずです。まったくの新規事業というケースは少ないでしょう。

すでに既存の製品やサービスがある場合、まず最初に理解しないといけないのは、どのような顧客がどれくらいいるのか、という顧客の「セグメント」です。まずは、自社の製品やサービスを、誰がどれくらい使っているのか、使っていないのか、それぞれのセグメントはどれくらい人数がいて、どのような特長があり、売り上げ・利益にどう貢献しているのかを知るのは、商売・マーケティングの基本中の基本です。これは第1章の戦略的コンセプトで設定した「①ターゲット」が、実際にどのくらい存在しているのかを確認する作業ともいえます。

すでに、自社製品やサービスのユーザーについては、使用・購入頻度に合わせて「ロイヤルユーザー」や「ライト（購売頻度の低い）ユーザー」「離反顧客（過去に使ったことはあるけど、今は使っていない）」などに分類している会社もあるでしょう。ポイントは、今自社の製品を使っている・過去に使っていた顧客だけではなく、「知っているけど、使ったことがない」顧客や、そもそも「知らない」という潜在的な顧客も含めて包括的に理解することです。この「知っている・知らない」「使ったことがある・ない」「現在の使用頻度」という要素に、「次回の購入・使用意向」という要素を加えると、現在のユーザーのブランドロイヤルティーの高さ（離反する危険性）、今の訴求を続けて離反顧客が戻ってくる可能性なども明らかにすることができます。

左図の【図2】はあるスマートフォンアプリのサービスについて、説明した要素をもとに、ユーザーを9つのセグメントに分類したものです。

横軸の上部が「知っている・知らない」と「使ったことがある・ない」。横軸の下部が「使用頻度」で、「毎日利用・過去1カ月以内に利用・生涯利用（過去に使ったことがあるが、今は使っていない）」に分かれています。縦軸が「今後、どのアプリを使いたいか」という質問に対して、数あるアプリの選択肢の中からトップに選ばれたかどうかです。

セグメント❶が現在のコアユーザーで、「知っているし、使ったことがあるし、今も毎日使っていて、将来も使いたい」という人が5・4%います。また、そもそも「知らない」というセグメント❾の29・3%は、

図2　日本におけるあるスマホアプリのユーザーセグメント

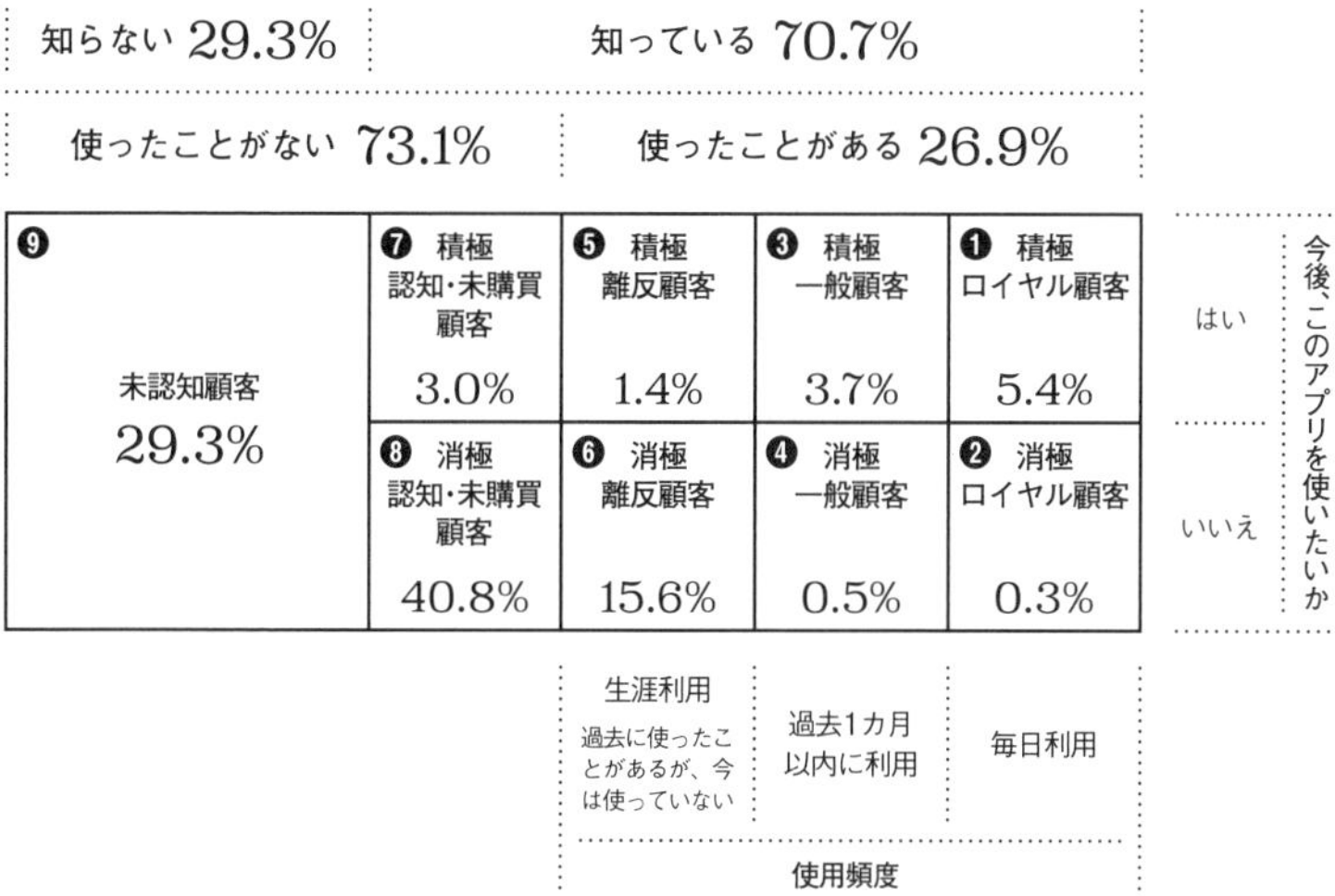

当然ながら「今後も使いたいか」という質問には無回答となっています。

注目してほしいのはセグメント❻です。「使ったことはあるが、今後は使う気はない」という人が15・6％もいます。他にも同様なアプリサービスがたくさんあるので、このアプリに特別な愛着はないというわけです。スマートフォンアプリに限らず、たくさん競合製品がある洗剤などの消費材でも「買ったことはあるけど、次に買うつもりはない」という、このセグメントの数字が大きくなる傾向があります。なので、このセグメントの使用意向を上げていくことが、マーケティング担当者の大きな課題のひとつになるわけです。

製品・サービスによって使用頻度の期間などは変わるでしょうが、使用意向を調査して数値化し、顧客のセグメントをこのような図にしてみることで、キャンペーンなどのターゲットがより明確になります。なぜなら、セグメント❶の顧客の使用頻度を上げる施策と、セグメント❻の顧客の使用意向を上げる施策は、その訴求内容やリーチの方法が異なることが容易に想像できるように、最適な打ち手が異なるからです。

なお、この9分割のセグメントの手法については、P54に対談を掲載している西口一希の近著『たった一人の分析から事業は成長する 実践 顧客起点マーケティング』に詳しく紹介されています。

【図3】を見てください。9つのセグメントのうち、あなたならどのセグメントを主なターゲットにしますか。往々にして、セグメント❶・❸の「今使っているし、今後も使いたい」現ユーザー、またはそれに❺の「今は使ってないけど、過去に使ったことがあるし、今後も使ってみたい」というセグメントを狙うべきでは、と思いがちです。知っているし、使ったこともあるのに、使う意向がない人をひっくり返すのは容易ではないからです。

でも、考えなければいけないのは、❶・❸・❺の人たちというのは、どんどん「縮小均衡」していくということです。つまり、❺の人が❸に、❸の人が❶に移ればビジネス的には安定しますが、どんなブランドも

図3　日本におけるあるスマホアプリのユーザーセグメント

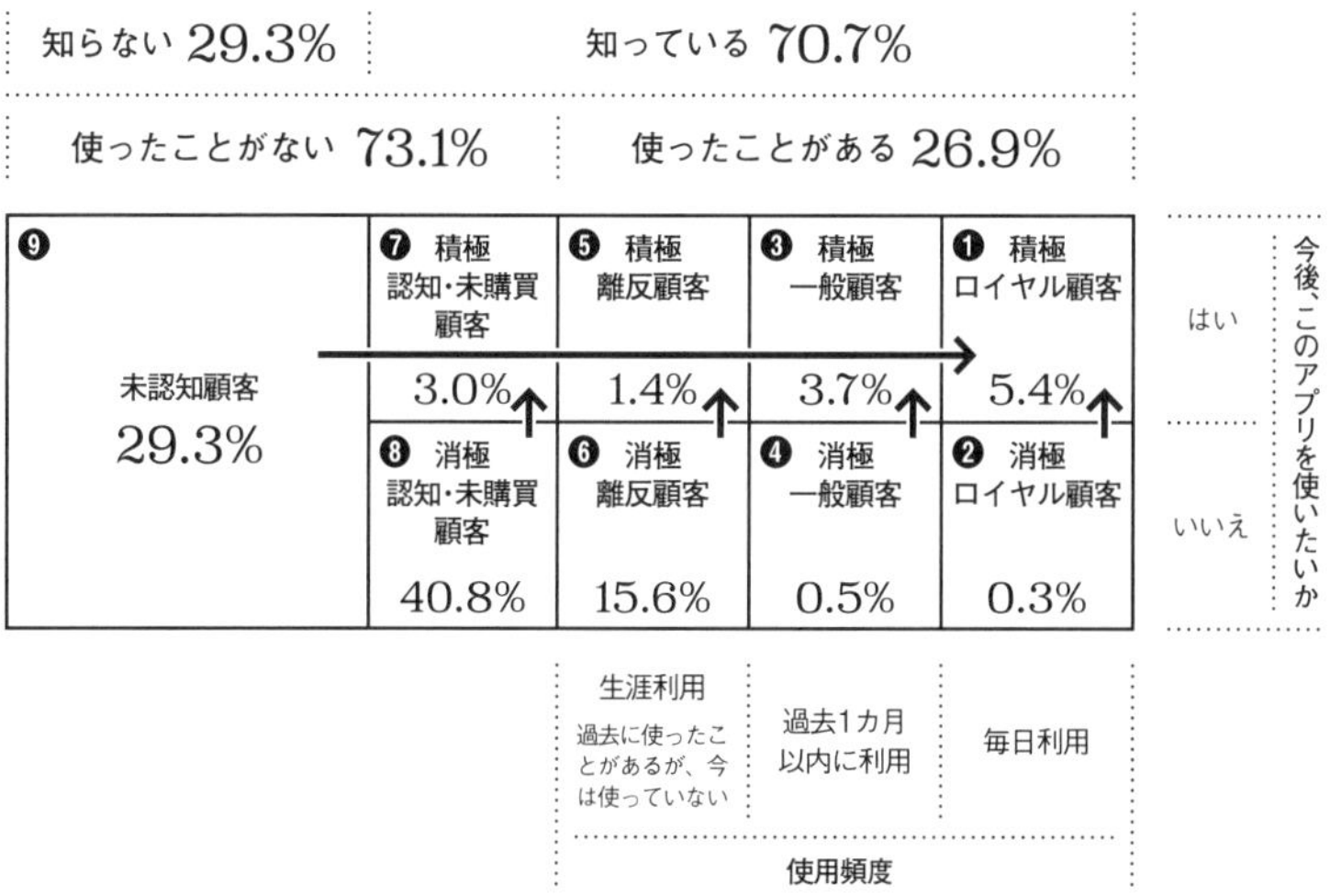

一定の割合でユーザーが競合にスイッチするのは避けられないので、時間の経過とともにセグメント❶から❷や❹に少しずつ移ってしまいます。すると、ユーザーの数はまったく拡大しないので、ビジネスは縮小していくわけです。

どんな商売でも、利益を出しているのは使用頻度の高いセグメント❶・❷の人たちです。ただし、この人たちをターゲットにして、この人たちの声を聞いて製品やサービスを開発していくと、どんどん「マニアック」なものになり、複雑さが増して、❶・❷のユーザーは満足するかもしれませんが、その代わりにセグメント❸〜❻の人たちがどんどん離れていきます。まさに縮小均衡の典型です。

なので、今のユーザーを満足させる施策も大切ですが、それだけではなく、常に構成比が大きい潜在顧客（セグメント❻と❽と❾）に対する施策も同時に行うべきです。つまり、セグメント❻の「以前は使っていたけど、今は興味がない」という顧客や、セグメント❽の「知っているけれども使ったことがない、今後も興味がない」顧客に興味を持ってもらい、セグメント❾の「そもそも知らない人」に認知を獲得するなどして新しいユーザーを獲得していかないと、顧客基盤が拡大しないので、ビジネスは拡大しません。それぞれのセグメントに対する施策に対して、実際の効果を検証していくことで、どこにビジネス機会があるのかもわかってくるはずです。

もちろん、これはスマートフォンアプリに限った話ではありません。**どんな製品・サービスでも常に「ユーザーの新陳代謝」が必要**です。今のユーザーの使用頻度や購買頻度を上げることはとても大切ですが、それと同時に、使ったこと・買ったことはあるけれど今は興味がない人たち、知っているけれど使ったこと・買ったことがない人たち、そもそも知らない人たちという、一番大きいセグメントに働きかけ続けることがマーケティングの基本なのです。

? 製品を変えずにどのように売るべきか

ほとんどのマーケティング担当者は新製品の広告やPR（戦略的PR、第15章詳述）、あるいは製品改良やライン・エクステンション（製品ラインナップ拡張）などのマーケティングを経験していて、ある程度の成功体験があると思います。

ただ、「新製品がなかったら、売れない」「レギュラー品は、もうこれ以上売れない」と考えていないでしょうか。本当は、製品をまったく変えなくても、新たに「話題化」（第6章詳述）すれば、売り上げや利益を格段に伸ばすことができます。製品自体にニュース性がないレギュラー品は、話題化できないから売り上げが伸びないというのはマーケティング担当者からよく聞く言い訳ですが、完全な間違いです。

たとえば、サントリーは元号が平成から令和に変わる瞬間を狙って、「新しい時代に乾杯」「令和最初の乾杯」というキャンペーンを主にツイッターなどのソーシャルメディアで展開し、拡散＝話題化に成功しています（P144参照）。もちろん、レギュラー品の「ザ・プレミアム・モルツ」のキャンペーンです。

日清食品の「カップヌードル」も超定番を定期的にうまくキャンペーンをしています。最近では「2分でも、うまい」のCMが話題になりました。マクドナルドもそうです。「ビッグマック」は製品・レシピを変えることはできませんが、定期的に話題化のネタを作ってキャンペーンを打つことで、ロングセラーとなっています。

実は、**季節限定品などの販促品より、レギュラー品のほうが収益性が高いことが多いので、レギュラー品の売り上げを伸ばしたほうがビジネスが安定する**のです。

どの企業でも、季節限定品等のいわゆる企画品が売り上げの半分を占めるということはありません。売り上げの大半は、レギュラー品などの、新製品や企画品でないものです。たとえば、ルイ・ヴィトンには毎年変わる特別の柄の商品がありますが、売り上げの大部分は、もともとある定番のモノグラムなのです。つまり、ルイ・ヴィトンにとっては、モノグラムのファンを増やしてあげるほうが、収益性も高いし、経営の持続性に貢献します。なので、きちんとモノグラムの広告もしているわけです。

レギュラー品のファンは、企業にとってとてもありがたい存在です。マクドナルドでいえば、期間限定品ではなく、お気に入りの定番品しか食べないというファンも多いです。新製品で「てりたま」が出ようが「チキンタツタ」が出ようが、自分はビッグマックしか食べない、ダブルチーズバーガーしか食べない、フィレオフィッシュしか食べないというお客様がたくさんいるわけです。どんな企業でも一緒です。そういうファンが多ければ多いほど、新製品や話題に関係なくお買い上げいただけるので、ビジネスは安定します。

もちろん、ほとんどのマーケティング担当者は、会社から新製品や企画品を売ることを期待されているでしょう。ただし、それが本当にその企業やブランドの長期的な売り上げや収益、あるいはファン作りにおいて正しいかは疑問ですし、「新製品や企格品を売りまくる」というビジネスのやり方自体を見直したほうが、ビジネスを安定させるという意味では良いかもしれません。

? どんな便益（ベネフィット）が刺さるのか？

再びP31の【図2】を見てください。あるスマートフォンアプリについて、セグメント❻の「使ったことはあるけれど、今は興味がない人」やセグメント❽の「知っているけれど、使ったことがないし、興味もない人」、はたまたセグメント❾の「そもそも知らない人」に、何を訴求したらよいのでしょうか。

セグメント❾を減らす、つまり、知っている人を増やすには、まずは今までとは違うメディアで訴求してみる方法があります。たとえばこれまでデジタルメディアでしか訴求していなかったなら、テレビや新聞などのマス広告など、これまでとは違う人にリーチできるメディアを試してみる価値はあります。デジタルを中心に拡大してきたスマートフォンアプリのメルカリが、まだメルカリを知らないターゲット（デジタルメディアを見ないシニア層）の認知を獲得するために、新聞広告を打ったりしたのは、このような「同じ訴求を、違うメディアで、新しいユーザーに届ける」という目的があったと思われます。

そのような方法が効果がない、または投資金額的に大規模なマス広告などは難しい場合は、「話題化」（第6章詳述）しかないでしょう。つまり、知らない人たちがこの製品・サービスの存在に気づいてくれるような、新たな話題作りをしていくことです。**今までのやり方を見直して、「量」ではなく「質」を変えた新たなコミュニケーションを企画する**わけです。

問題はセグメント❻と❽の人たちです。このスマートフォンアプリの存在は知っているけど、今はまったく使う気がなく、興味がないという状態です。そういう人たちに、どんな便益を提供したら、使いたいと思ってくれるのでしょうか。

この人たちに訴求して効く便益を開発するには、いろいろな便益のアイデアを50〜100案くらい出して、実際にセグメントの人たちに対してスクリーニング（絞り込み）のリサーチをして、効果の高い訴求内容（便益）を導き出すのが最も確実です。

では、スクリーニングにかけるたくさんの便益をどうやって考えたらいいのでしょうか。ここではとっておきの本を1冊紹介しておきましょう。『あのブランドばかり、なぜ選んでしまうのか　購買心理のエッセンス』*です。

2人の著者は1000以上のブランド研究をした、マーケティングコンサルタントです。この本には売れているブランドの便益がすべて入っていて、人がモノをほしくなる理由を分解しています。なので、便益に限らず、マーケティングのアイデアを考

＊　アンドレアス・ブーフフォルツ・ボルフラム・ホルデマン著、井上浩嗣・松野隆一訳（東洋経済新報社、2002年）

える際に非常に役立ちます。こうしたいわば「成功の実例集」に紹介されているフレームワークを利用して、スクリーニングにかける便益をたくさん出してみるというやり方があります。

もうひとつの方法は、今使っていない人（セグメント❻と❽）の話を一生懸命、聞くことです。ただし、買っていない・使っていない理由を聞き出すのではありません。それはインタビューしても、まず出てきません。「何となく買っていない」「何となく使っていない」という場合がほとんどだからです。

自分がその人になりきって、「何をやったら響くんだろう」「この製品・サービスに興味を持ってもらえるんだろう」と一生懸命に考えると、必ずいくつか当たるものが出てきます。それがスクリーニングにかけるべき便益というわけです。

もちろん、自分が考え抜いて提案した便益の案が、実際のスクリーニングで低い結果になることは多々あります。なぜなら、自分という「バイアス」（偏りの要因）があるからです。多くの企業では上のポジションの人が「過去の経験と思い込み」で考えた案が、必ずしも正しくないのに、周りの忖度《そんたく》で採用されたりしてしまうこともあります。そのような人によるバイアスを排除して、**本当に正しい訴求内容（便益）を導き出すためには、きちんとした量的調査で数字で検証することがとても大切**です。

どんな便益が効くのかは、実はセグメントごとに結構違います。なので、セグメント❶〜❽それぞれのリサーチ結果から、それぞれに効く便益を把握しておくことが必要でしょう。

ただし、実際にキャンペーンを打つとなると、違う訴求内容の違う施策を各セグメントごとに打ち分けるようなことはできないことが多いので、訴求内容（便益）をひとつか2つに絞らなくてはなりません。その場合は、潜在的に大きなセグメント（事例のスマートフォンアプリの場合にはセグメント❻と❽）に効果が高く、かつ既存のユーザー（セグメント❶と❸）の離反を促進することがないような便益を選ぶことになります。

こうした各セグメントにどれくらいのユーザーがいるかの調査は、できれば毎月〜四半期ごとに実施できれば、その期間の施策により、ユーザーのセグメント間にどのような移動があったのか（または効果がなかったか）検証することができます。

便益を考えるには、大規模な調査は必要ない

売れていない製品・サービスの中にある要素や特長からでも、新しく魅力的な訴求内容（便益）を探し出せるケースはたくさんあります。

これはある地方に根付いたスーパーマーケットでの事例です。ある日、パックに入った「味付き煮たまご」の売り上げが不振だったので、どうリニューアルすればよいか、商品開発会議の議題に上がりました。競合製品とは半熟かそうじゃないか、味が濃いかそうじゃないかの違いくらいしかない。これまでにない差別化といったら、卵が少し大きいくらいで、なかなかいいアイデアが出ません。

そこで改めて議論してみると、いくつか検討するべき点が挙がりました。そもそも訴求内容に、競合製品との差別化がなかったため、一番の競合であるナショナルブランドのほうが、何となくおいしそうで安心に見えてしまうこと。自社の製品は手作りなので、パックに詰める際に卵が割れてしまうものも多く、それらは「わけあり品」として激安で処理されてしまうこと。また生産能力的に、週に７００個しか作れないこともわかりました。ほとんどの消費者が「存在は知っているけど興味ない」という

セグメント❽か、そもそも存在を知らないというセグメント❾にいたわけです。

そんな話をしているうちに、あるメンバーがこの中に自社の「煮たまご」の「売り」があることに気づきました。ナショナルブランドは機械で詰めているので、差別化の要素として、自社は「手作り」と訴求できること。週に700個しか作ってないということは「1日限定100個」と訴求できること。実は少し割れているほうが、卵に味がしみ込んでいておいしいということは主婦にはすぐ理解してもらえるので、「くずれ煮卵」といった名前に変えたらおいしさの訴求になるし、そもそも割れていることが「わけあり品」どころかおいしさの訴求のポイントになること。そこで実際に「味がしみ込んだ、くずれ煮たまご、1日100個限定の手づくり」とパッケージでの訴求を変えてみると、商品自体はまったく同じであるにもかかわらず、売り上げが見事に改善しました。

まったく製品・サービスを変えなくても、こんなふうに競合と差別化しながら、今の製品・サービスの要素や特長をいかにプラスに言い換えるかを考えることはできます。つまり、これが便益を探すということなのです。

製品・サービスそのものを変えない限り、新たな便益や差別点は訴求できないというのは、マーケティング担当者の言い訳であり、怠慢です。むしろマーケティングは、砂漠で砂を売らなければいけないし、海で塩水を売らなければいけない仕事です。

便益や差別点として何をどのように訴求するかが、マーケティング担当者の知恵の絞りどころです。製品・サービスのアイデアも含めて、新製品でも既存の製品でも、誰に何を伝えたら売り上げや利益が伸びるのか、諦めることなく追求し続けましょう。

調査ではなく実売でスクリーニングする方法とは

人気のヘアケア「ボタニスト」を展開しているアイエヌイーという企業をご存じでしょうか。実はこの会社は、生産施設を持たない、マーケティングに特化した会社です。そのせいなのか、ボタニストを含むアイエヌイーのマーケティングはかなり個性的なものになっています。

一般的な企業では、新製品を検証する順番としては、まずはビジュアルや便益などのテキストをきれいにレイアウトした「コンセプトボード」を作って、それをスクリーニング調査にかけます。そのスクリーニングで評価の高かったコンセプトに基づいて実際に製品を開発し、製品の品質や試用感調査などを経て、全国に発売していきます。企業によっては、地域限定や一部流通限定でテスト販売したりして、売れ行きを確認してから、ようやく全国展開をしていきます。開発から全国販売までに結構な時間がかかるし、テスト販売といえど正式な発売なので、複数のオプションを検証するわけにはいきません。

ところがアイエヌイーでは、これは可能性がありそうと判断したら、いきなり小ロットで製造して、ミニマムスケールの消費者調査後すぐに自社のオンラインショップでテスト販売をします。そして、ネット上で売れた製品だけを実際のリアル店舗に展開していくわけです。

つまり、ネット上で実際に売れた製品しかリアル店舗に展開されないし、何より製品企画から全国販売までの期間が短いし、かつ複数のオプションがある場合には自社のオンラインショップでの販売結果で、リアル店舗に出すことなく検証できてしまう。これがマーケティング会社であるアイエヌイーの独自性です。

テスト販売とはいえ、店頭で販売するには、けっこう投資がかさみます。棚に置いてもらうのにも、広告を出すのにも投資が必要です。ところが、オンラインでテスト販売するだけなら大きな投資は必要ありません。それを利用して、アイエヌイーは極めて確度の高いスクリーニングを低いコストでできているわけです。

「ゲームチェンジ」でマーケットリーダーを切り崩す

自社の製品・サービスがその業界の2位、3位という場合には、「新たな便益を作る」ことが大事になってきます。マーケットリーダーと同じ土俵（便益）で戦っていては、いつまでたっても勝つことはできません。

たとえば、洗浄力の強さを便益にしているマーケットリーダーの洗剤に対して、2番手の洗剤が「洗浄力10％アップ」という便益を訴求しても、大きな影響は期待できません。そういう場合は、「洗浄力じゃないもののほうが大切だ」というように、**業界での重要とされる便益を変えてしまうことで、マーケットリーダーを切り崩す**ことができます。

実際、洗剤には「除菌」など別の切り口があります。自分がナンバーワンになれそう、かつ消費者が重要と考える便益を見つけて、それを訴求することが必要なのです。もちろん、洗剤自体が必要ないという新しい洗濯の市場を作ってもいいかもしれません。そうした発想がマーケティング担当者に求められる「ゲームチェンジ」です。

昔から自動車や家電は、燃費○％アップや消費電力○％ダウンといった方向に走りがちですが、それで業界の順位が逆転して、2位、3位のブランドがトップになった、というようなことは一度も聞いたことがありません。

ただ、自社がマーケットリーダーなら話は別です。自社が業界1位になっているのは、今提供している便益が消費者に重要だと思われているからです。つまり、その便益をさらに強化するという戦略が通用する可能性のほうが高いわけです。ただし、マーケットリーダーは自分から訴求便益を変えにくいので、その隙を競合が突いて業界順位が入れ替わることがあります。

1990年代の日本の紙おむつ業界の事例を紹介しておきましょう。当時マーケットリーダーであったP&Gの「パンパース」は、ずっと「(尿が)漏れない」という便益を訴求し続けていました。しかし実際には、製品の品質が上がったせいで、どこのメーカーの紙おむつも尿の漏れ自体には大きな機能差がなくなっていました。「漏れない」は機能的な差別化にはならない便益だったのですが、パンパースは、その便益でトップシェアを守っていたため、自ら変えることができませんでした。

それに対して、ある日を境に、業界2位の「ムーニー」は、「漏れない」だけではなくて「コンパクト(場所を取らない)」という訴求を「パワースリム」という名前で開始し、3位の「メリーズ」はパンパースと同じ「漏れない」という訴求をやめて、まったく違う「肌にやさしい」という、それまでの紙おむつ市場にはなかった便益を打ち出してきました。

実際、漏れで大きな問題を感じている人はほとんどいないのですから、「コンパクト」とか「肌にやさしい」ことが大切と訴求された結果、パンパースはムーニーとメリーズに大きくシェアを奪われてしまいました。

当たり前ですが、製品・サービスそのものと関係ないことを訴求しても意味がありません。紙おむつであれば、「肌にやさしい」というのは、まさに赤ちゃんの便益です。ただし、赤ちゃんの便益ではないけれど、「コンパクト」のように、紙おむつを買う人の便益を訴求するパターンもあります。コンパクトというのは、赤ちゃんにはまったく関係ありませんが、しまっておくスペースが少なくてすむのは、間違いなくお母さんの便益になります。お母さんたちは「漏れない」「肌にやさしい」という便益が一緒なら、グッと圧縮されてコンパクトな商品のほうを喜ぶはずです。

つまり、**実際に製品・サービスを使用する際の便益以外にも、便益というものが存在する**ということです。

最近の代表例でいえば、マツモトキヨシのプライベートブランドmatsukiyoのトイレットペーパーでしょう。透明のビニールの大きな包み紙にラジカセなどの写真がプリントされていて、「トイレットペーパーを持っているとは思えない」ような、遊びごころのあるデザインです。このトイレットペーパーはドイツの世界的デザイン賞「iFデザインアワード」も受賞しています。

トイレットペーパーとして、製品的には何の差別化もしていません。けれどもパッケージだけを変えて、商品的には見事に差別化したわけです。こんなトイレットペーパーなら、店舗側は目立つし差別化になるので売りやすいし、お客さんもおもしろいと感じるので手にとりやすいと思います。

このように、**実際に使う場面ではなくて、それを持ち運ぶ場面に新しい便益を作ることもできる**のです。

花王の洗顔料「USAビオレ」シリーズも差別化に成功していると思います。USA Bioreの日本版という位置づけで、白に水色といった既視感満載の「いかにもビオレ」といった色調ではなく、竹炭を配合していることもあって真っ黒なパッケージです。しかも、日本で販売している製品なのに、パッケージの表面はすべて英語表記です。まさに「おしゃれな海外の洗顔料」というイメージでヒットしたのですが、これは競合との差別化のみならず、自分たちが作ってきた自社ブランドとの差別化、ゲームチェンジでもあるわけです。

? 競合のキャンペーンは見ない

戦略を考える時に、競合を比較対象や参考としてベンチマークすることもあるでしょう。ただし、自社の製品やサービスを、競合と比較したほうがいい分野と、比較しないほうがいい分野があります。

常にチェックしておくべき分野は、こちらが知っておかないと負けてしまう分野です。たとえば、「価格」（第7章詳述）です。競合との差額がこのくらいだったら、売り上げやシェアにこのくらいの差がつくといった相関の数値は、把握しておかなければいけないでしょう。

ただし、価格は基本的には継続的な差別化になりません。あくまでも、「競合と比較して適切な」価格の範囲を外したら負ける、という観点から比較すべき要素です。

競合の店頭占拠率や店頭での販促などもそうです。店頭を競合に占拠されたら負けてしまいます。なので、占拠されないように常にチェックして、必要ならやり返すなどの手を打つ必要があります。

これらは、あくまでも「負けない」ために必要な要素のチェックです。では、「勝つ」

ためにはどこをチェックしたらいいのでしょうか。たとえば、競合のキャンペーンと自社のキャンペーンを比較すべきでしょうか。答えは「ノー」です。**競合のキャンペーンは、見ないほうがいい分野**です。

キャンペーンは、競合との差別化も狙ってプランニングします。なので、相手のことを知っておいたほうがいいと思いがちです。けれども、成功している競合のキャンペーンをこと細かく分析してしまうと、つい、それをまねしたくなるものです。当たり前ですが、まねしたら差別化になりません。だから見ないほうがいいのです。競合を見ても、そこから新しい発想や画期的なアイデアは絶対に出てきません。

同じ業界の中で同じようなキャンペーンをすると、やはり最初に実行されて話題になった会社のキャンペーンが最も強く消費者の印象に残っています。ソフトバンクのユーザーに対する割引キャンペーンの「スーパーフライデー」は印象に残ってますが、ａｕの同様のサービス「三太郎の日」を覚えている人はそんなに多くないのではないでしょうか?

ただ、過去に自社や競合が失敗したキャンペーンで、「時代が変わった今なら、これをやったら成功するかも」というのは、やってみる価値があるかもしれません。また、**他の業界の成功しているキャンペーンを、自分の業界に当てはめたらどうなるん**

だろう、と考えるのはとても有効です。

新製品の開発についても、競合がこれをやっているから、うちもまねしようというのは「最悪」です。昔の松下電器のような圧倒的な展開力・営業力の差があれば話は別ですが、まねした製品でうまくいったものは歴史上ほぼないでしょう。差別化しないと売れないという時代に、自分から同質化していては話になりません。

Chapter 2

絶対原則

どんな製品・サービスでも、
常に「ユーザーの新陳代謝」が必要

製品・サービス自体を変えなくても、
売り上げや利益を格段に伸ばすことはできる

期間限定品よりもレギュラー品の売り上げを
伸ばしたほうが、ビジネスは安定する

訴求して効果のある便益は、セグメントごとに違う

「ゲームチェンジ」をすれば、
マーケットリーダーを切り崩すことができる

新しい発想や画期的なアイデアを出すために、
競合のキャンペーンは見ない

INTERVIEW 1-1

顧客起点マーケティングとは？

その1

元スマートニュース
マーケティング担当執行役員

西口一希 × 足立光

P&G出身で、ロート製薬にて化粧水「肌ラボ」を本数ベースで日本No・1に。スマートニュースではiPhoneアプリランキング100位圏外から1年でNo・1など、輝かしい実績を持つ西口一希。自社ブランドに使えるフレームワーク「9セグマップ」を中心に顧客起点マーケティングについてうかがいました。

Kazuki Nishiguchi

PROFILE

大阪大学経済学部卒業後、P&Gに入社。ブランドマネージャー、マーケティングディレクターを歴任。2006年ロート製薬に入社、執行役員マーケティング本部長としてスキンケア商品の肌ラボを日本一の化粧水に育成、男性用ボディケアブランドのデ・オウを開発、発売1年で男性用全身洗浄料市場でNo.1に育成。2015年ロクシタンジャポン代表取締役。グループ過去最高利益達成に貢献し、アジア人初のグローバル エグゼクティブ コミッティ メンバーに選出、その後ロクシタン社外取締役 戦略顧問。2017年にスマートニュースへ日本および米国のマーケティング担当 執行役員として参画、企業評価金額が10億ドル（約1000億）を超える国内3社目のユニコーン企業まで急成長。2019年9月マーケティング戦略顧問に就任、Strategy Partnersの代表取締役およびM-Forceの共同創業者としてビジネスコンサルタント、投資活動に従事。

足立　西口さんは近著『たった一人の分析から事業は成長する 実践 顧客起点マーケティング』で、「9セグマップ」というセグメントとターゲティングの手法を提案して、話題になっています。そもそも本を書こうと思ったのは、どうしてですか。

西口　手法はロート製薬時代に完成していたんです。9セグマップのモデルを使うとうまくいくということがわかって、自信を深めていました。ロクシタンに移っても9セグマップを使って実績を出せたので、さあ書こうと思っていたのですが、忙しすぎて書けなかったんです。スマートニュースでも9セグマップの手法で、業績を大幅に伸ばすことができました。なので、スマートニュースの事例も盛り込んで、ようやく一冊に仕上げることができたというわけです。

足立　そのエッセンスをぜひ、著者ご本人からこの本の読者にも教えてあげてください。

西口　考え方はものすごく単純です。打ち手を考えるときにどういうセグメンテーションで見たほうがいいか、ということだけ。要するに、「顧客の現在の状態から考えましょう」という、ただそれだけのことなんです。顧客の状態と、いろんなマーケティング施策の成果の関係を相関分析すると、大きく左右する差というのは、「製品・サービスを知っているか・知らないか」「使ったことがあるか・ないか」「どれくらいの頻度で使っているか」「今後、使いたいか」という4つの要素です。

2019年の話題書『たった一人の分析から事業は成長する 実践顧客起点マーケティング』。たった一人の“N1”を分析する「顧客起点マーケティング」から未購買顧客を顧客化、さらにロイヤル顧客化する「アイデア」をつかめます（2019年、翔泳社）

それを9分割で表現したのが9セグマップなんです。

足立　今の9分割のかたちになるまでには、11分割したり6分割したりと、西口さんの中でもいろいろな試行錯誤があったようですね。

西口　9分割はCRM（顧客管理）の施策を考えるのにも親和性が高いので、今のかたちに落ち着きました。それから、本を書いた理由は実はもうひとつあります。マーケティングの部門と、営業・販売促進の部門とのせめぎ合いという問題が、どこの会社にもあるんです。宣伝系やPR系のマーケティング部門は、ブランディングは「数字にできないもの」とか「アートだ」とか言っている。一方で、営業・販売促進部門は徹底的に「売り上げだ！」と繰り返している。ブランディング信仰のマーケティング担当者は、営業・販売促進の施策を「一過性のものだ」と、敬意を持っていません。それに対して営業・販売促進の担当者は「売り上げにならないところに、無駄なお金を使っている」などと、ブランディング施策を批判しがちです。経営者の立ち位置がフラフラしていることも多いですね。業績が落ちてくるとブランディングの費用を削って販売促進寄りになる。でも、業績が上がって資金に余裕が出てくると、無駄なイベントをやったり広告を出したり、謎なブランディングやPRなどに投資するわけです。

足立　どちらも正直、無駄ですよね。

西口　根本的な問題は何かといったら、ブランディングの成果を何で計測するかということなんです。NPS*など含めてさまざまな指標とビジネス結果の相関関係を調べてきましたが、結局、「次にこのブランドを買いたいと思いますか？」という質問に対するシングルアンサーが、ブランディングも販売促進もすべての施策の成果を、最も正確に計測できるということに気づいたわけです。

足立　たしかに、次回の購買・使用意向が縦軸に入っているのが9セグマップの大きな特長ですよね。

西口　ただ、いまだにブランディングをやっている人たちには誤解があって。よく「ユーザーたちはこのブランドに、こういうイメージを持っています。これをブランドエクイティ（ブランドが有する資産的な価値）と呼びます。これを再現すれば、またユーザーが増えます」という主張をするのですが、これは大間違いです。結果を再現しても、その結果を生み出す原因にはなりません。顧客は何らかのかたちでそのブランドの製品に触れて、気に入って、購入したわけです。そのユーザーに聞くと、ブランドのA、B、Cの要素をすごく評価している。それがその顧客のブランドに対するイメージです。でも、そのA、B、Cを他の人に伝えても、ブランドに対して同じイメージを持ってくれるわけではありません。買わない人たちは、そのブランドのA、B、Cの要素に対して響いていないから、買わないわけです。そういう根本的な間違いに気づかずに、結果を繰り返したら同じ結果が出るという間違った前提で、今のユーザーが気に入っているブランドの要素を、新しい顧客に対しても訴求し続けるという、無駄な施策を繰り返しているんです。その無駄を変えたいと思ったのも、この本を書いたもうひとつの理由です。ブランディングと称して世の中で行われているマス広告は、半分以上は何の意味もない、今すぐやめても何の影響もない無駄遣いだと思っています。

足立　私もほぼ賛成ですが、あえてブランド広告的な訴求をやる意味を挙げるとしたら、

＊　Net Promoter Score＝ブランドに対する愛着・信頼の度合いを数値化する指標。

何でしょうか。

西口　「リマインダー」としては使えます。「昔はそのブランドを使っていたけど、最近使っていないな」という人たちをもう1回戻すとき、その人たちに思い出してもらうために、「あなたが持っていたブランドイメージこうでしたよね、こんないいことがありましたよね」というのをテレビCMなどでやると、「また使ってみようかな」となって、戻ってきてくれたりします。しかしながら、それでマーケティング担当者は「ユーザー層が拡大した」と誤解してしまうのです。実はこれは、これまでにつくったユーザー層を再獲得しただけで、ユーザー層はまったく拡大していません。だからブランド広告的なものが終わったら、またユーザーは離れていくわけです。

足立　これまでと同じブランディング施策を繰り返していたらダメですよね。決してユーザー層は広がりません。

西口　認知していてブランドを使ったことがある人たちと、認知はしているけれどもまだ使ったことがない人たちに対して、やるべき施策は、まったく違うし、認知していない人

たちに対してやるべき施策も、これまた違います。なので、先ほど半分くらいは無駄と言いましたが、現状の繰り返しをやめて、各ターゲットに応じた丁寧な施策をやると、最終的には広告費用は増えていくかもしれません。実は多くの場合、業績が落ちて従来のブランド広告をやめてみると、売り上げに影響しないことがわかります。そこで、「何だ、広告はいらないじゃん」と判断するのは、これも大間違いで、それまで間違った広告にお金を使っていたことが判明しただけで、本当はやるべき広告投資があるわけです。

足立　それでも営業・販売促進部門は、「ほら見たことか」と言い出すでしょうね。やっぱりブランディングは無駄金だと……。

西口　販売促進は販売促進で、間違っているところがあるわけです。値引きすれば、売り上げが獲得できてしまうと考えている人があまりにも多い。値引きも「リマインダー」に近くて、顧客は「昔使っていたし、20%安いなら、また使ってみるか」と思うことが多いだけで、実際のところ、値引きでは、ほぼ新しいユーザーを獲得できません。やはり新規のユーザーを開拓するには、プロモーション施策でどれだけ「新しい独自性のある便益メッセージ」を打ち出すかということが重要なのです。本当は、販売促進の部門もそれをやらなければいけません。

足立　販売促進という文脈でいえば、考えやすいのは流通を広げることによる新規ユーザーの開拓ですよね。認知しているけどまだ買っていない人を獲得するために、たとえば、スーパーマーケットでしか販売していなかったものをディスカウントストアにも広げるとか、新しくネット通販をはじめてみるとかすると、新しいユーザーにリーチできるので、ユーザーの裾野が広がる可能性があります。

西口　「顧客起点」から言うと、クリエイティブもメッセージも、チャネルやメディアごとにカスタマイズして変えていくべきなんです。そうすると、売り上げを上げていくのって、実はそんなに難しくないじゃないですか。

足立　そうですね。では、どうしてそんな縮小均衡にしかならないような「ブランディング信仰」ができてしまったんでしょうか。

西口　経営者とマーケターが自社ブランドを大好きになっていて、自分たちがブランドに持つそのイメージを訴求したくなる、顧客とは関係ない偏愛ができるからです。「ブランド・エクイティだ！」とか言って、自分たちが気持ちいい、これまでと同じようなブランド訴求をし続けるから、新しいユーザーは来ないわけです。ブランドを認知していても買わない人は、もう一回同じようなメッセージが来ても、ますます買わない意思を固めるだけじゃないですか。

足立　「このブランドは、私には関係ない」と思い続けるだけです。

西口　本当は、自分たちがやってきたブランディング以外のところに、自分たちがブランド価値だと思っているもの以外のものに、新規ユーザーを取り込むチャンスがあるわけです。単純な話だと思うのですが。

Chapter 3

IDEA CREATION

第3章

アイデアの創造

すでに存在する製品・サービス、その他の事象をどのように結び付けたり組み合わせたりしていくか――これが、アイデアの創造です。本章ではマーケティングの現場において使える、主なアイデア創出の方法をご紹介。「なぜそれがおもしろいのか」を常に考えることが、結果を出すマーケターに共通する習慣と言えるでしょう。

? アイデアの創造をするために必要なこと

いろいろな分野のクリエーター100人ほどに、「どうやってアイデアを作り出していますか?」という調査をしたことがあります。

さまざまな方に話を聞いてわかったのは、当たり前ですが、それぞれのやり方に違いがあるということです。もちろん、いくつか共通のパターンも見つかりました。

最大の共通点は、結局のところアイデアとは、**「異なったもの同士の結合、組み合わせである」**ということです。

つまりマーケティングにおいては、いろいろな既存のものをどうやって結び付けたり組み合わせたりしていくかが、いわゆるアイデアの創造なわけです。

さて、アイデアを出す方法は有名なものから無名なものまでいくつかありますが、あらためて見直していきましょう。

ブレイン・ストーミングを効果的に行う方法

最も正攻法で一般的なのは「ブレイン・ストーミング（ブレスト）」でしょう。複数の人たちが集まって話し合いながら、基本的には「連想」と「結合」でアイデアを作っていく手法です。

誰かが言ったアイデアに対して、まったく違うアイデアを言ってもいいのですが、「そのアイデアならこういうふうにもできる」とか「それならこれもある」というふうに、各人の連想、連想でアイデアの数量を増やしていく。あるいは、「そのアイデアにこれを加えたらさらに良くなる」とか「それにこんなアイデアも足したらいい」などと結合して、アイデアを膨らませていきます。

つまり、**連想と結合でアイデアをどんどん広げる、膨らませるのがブレスト**なのです。よく「質より量」といわれますが、多様なアイデアを集めるのが目的であって、やみくもに自分の意見だけをたくさん言えばいいというものではありません。

さらに重要なのは、「アイデアを出すステージ」と「アイデアを絞るステージ」を必ず分けるということです。

アイデアを出すステージでは、参加者はとにかく褒め合って、お互いにアイデアを出しやすい雰囲気を作り、批判は一切しないということをルールにしましょう。

ありがちなのが、誰かのアイデアに対して、すぐに「でも、現実的にどうかな？」とか「いや、コストが……」といった否定的な意見を言うパターンです。それでは多様なアイデアが出てきません。アイデアを出すステージではそうではなくて、「おもしろい、おもしろい」と言って盛り上げて、どんどんアイデアを広げるように、膨らませていくように心がけましょう。

もちろん、アイデアを絞るステージでは否定的な意見も重要です。投資や時間のコストといった実現可能性の面からもアイデアを絞っていく必要があるわけです。なので、**ブレストでは「アイデアを出すステージ」と「アイデアを絞るステージ」をクリ**

アに分けることが不可欠です。

ブレストを行う際の注意点をいくつか挙げておきましょう。

似た者同士でブレストしてもいいアイデアは作れません。できるだけタイプの違う人たちを組み合わせたほうが多様なアイデアが出てきます。お互いが刺激し合うことで、相乗効果も期待できます。

人だけでなく、モノも刺激になります。たとえば、ブレストする部屋に今まで見たことがないような雑誌を置いておく。それをパラパラめくるだけでも、忘れていたことを思い出したりして、アイデアが広がりやすくなります。

ブレストの進行役は、批判が出たらすぐにその発言を中止させましょう。「でも、それって難しくない？」「えっ、それターゲット違うんじゃない？」「それ、オレやったけど、つまんない」「みんな知っているよ」など、例を挙げたらきりがないほど、ブレストとはいえ批判的な発言が出がちです。

なので、そのたびに「アイデアを広げる段階では批判はナシですよ」といった注意が必要になってきます。相手の立場に関係ありません。どんなに偉い人に対しても指摘すべきことです。

「ラポール*の形成」も大事です。参加者みんなが発言しやすい雰囲気を作るのは、やはり進行役の重要な役割でしょう。誰でもそうですが、何かアイデアを思いついても、「これを言ったらバカにされる」と思うと恥ずかしくて言えなくなります。それではブレストをやる意味がありません。なので、バカげたアイデアを言ってもいい場なんだ、むしろそれを言ったほうがいいんだという雰囲気を作るようにしましょう。

ラポールがあるブレストでは、参加者はノリノリになって、どんどんアイデアを出してくれます。それがないと、「こんなくだらない話をして、どうなんですかね」とか「こんなことやったって、どうせできませんよね」といった全否定のような発言さえ出かねません。そうなったら、もうブレスト自体意味がなくなってしまいます。

何も難しい話ではありません。たとえば、参加者みんなが大笑いしているようなブレストであれば、うまくいっていると考えていいと思います。

ブレストだからといって、参加者みんなが均等にアイデアを出す必要はまったくありません。たとえば、「おもしろいね！」とずっとあおるだけの人がいてもいいのです。進行役は、参加者みんながリラックスして前向きに発言できるように気を配りつつ、無理やり同じような貢献を求めないことも心がけましょう。

＊ 「信頼関係」や「安心して何でも言える状態」などと訳される心理学の用語。

ビッグアイデアを創出するＫＪ法

「アイデアを絞るステージ」でよく使われる手法が「ＫＪ法」[*1]です。文化人類学者の川喜田二郎（ＫＪは彼のイニシャル）が考案した、いわば情報の整理法です。

基本的なやり方はシンプルで、いろいろなアイデアを整理するために、ひとつひとつにラベルをつけて、分類していくというものです。

ＫＪ法に基づいて討議していくと、「これとこれが似ている」とか「これとこれはつながっている」などと、各ラベルの相似性や関連性などに注目することで、複数のラベルをまとめた新しいラベルが作れます。つまり、これがアイデアの絞り込みになります。あるいは、「これが原因で、これが結果かな」とか「これが起こるとこうなるけど、こっちは起こらない」といった関係性に注目することで、アイデア全体の理解をより深めることができるわけです。

マーケティングには「ビッグアイデア」と呼ばれるものがあります。マーケティング活動に直結するアイデアの中で、特に大きなもの、いろいろ広がりを作ることができそうなもの、インパクトがありそうなものをビッグアイデアと呼び、それ以外のもの（こちらはスモールアイデアと呼んだりします）と区別します。

いろいろなスモールアイデアをＫＪ法で少しずつまとめていく過程で、いろいろなものに共通するビッグアイデアが見えてくるということもあります。一方で、先にビッグアイデアがポーンと出てきて、「じゃあ、それに関連してこんなことも、あんなこともできる」とスモールアイデアが次々連想できるケースもあります。

ＫＪ法は情報を集約していくプロセスなので、単にスモールアイデアをビッグアイデアにまとめる手法と思われがちです。しかし、**複数のアイデアを大きくまとめてラベリングしてみると、まったく違うものが見え、さらに発想が豊かになり、別のビッグアイデアが出てくる**、という経験がよくあります。

ＫＪ法は単なる整理法ではありません。そのプロセスの中で新しいアイデアを生み出すことができる、とても「創造」に役立つ手法です。

未充足のニーズをとらえるキーニーズ法

「キーニーズ法」[*2]というコンセプト開発法も、わりと知られていると思います。サンスターやジョンソンを経て、マーケティングコンセプトハウスを創業した梅澤伸嘉が

＊1　詳細は『発想法　改版　創造性開発のために』（中央公論新社、2017年）を参照。
＊2　詳細は『新版 ロングヒット商品開発』（同文舘出版、2018年）を参照。

提唱しました。彼はマーケター（新商品企画）として、「トニックシャンプー」（サンスター）や「カビキラー」、「固めるテンプル」（ともにジョンソン）の開発に携わっていました。

キーニーズ法は「コンセプト（C）＝アイデア（I）＋ベネフィット（B）」という非常にシンプルな公式に基づく手法です。そして、**ベネフィットの裏側には消費者の充足してないニーズ（N）があり、この未充足のニーズをつかまえるものがベネフィットであって、それとアイデアがセットになると新しい商品のコンセプトになる。**これが基本的なキーニーズ法の理屈です。

事例としてよく紹介されるのは「固めるテンプル」でしょう。あの大ヒット商品が発売される前、多くの家庭では、油をそのまま下水に流せないので、いちいち新聞紙にしみ込ませて袋に入れてゴミ箱に捨てていました。当時の消費者は、それで何の不満も持っていませんでした。

ところが、「なぜ、そうしているの?」というのをあらためて調査してみると、「もっと手軽に捨てたい」「手は汚したくない」といった消費者の声が出てきました。つまり、手を汚さないで手軽に油を捨てたいという未充足のニーズが見つかったのです。つそのニーズをとらえるための使い道は、「手軽に、手を汚さずに、油が捨てられる」

となります。そして、「化学的に油を固める」というのがアイデア。その足し算が「固めるテンプル」のコンセプトというわけです。

問題は、キーニーズ法のシンプルな理屈の中にある「未充足のニーズ」は普通、表に出てこないという点でしょう。

当たり前ですが、世の中にニーズが顕在化していたら、どの企業もそれを作っているわけです。世の中に現れていないからこそ未充足のニーズであって、潜在的なものを探らない限りわからないわけです。

どうやって「未充足のニーズ」を見つけることができるのでしょうか。今使われている製品・サービスの中にも、まだ消費者自身の言葉になっていない未充足のニーズを見つけることができるはずです。なので、**消費者が「なぜそれを使っているのか？」とか「本当は何を（解決）したいのか？」といった問いを立てリサーチすることで、未充足のニーズに近づくことができる**というのが、キーニーズ法の答えです。

キーニーズ法を実際に使うかどうかはともかく、未充足のニーズに注目することは、マーケティング担当者がアイデアを作る上で、大事な視点のひとつだと思います。

発想力を鍛える習慣をつける

マーケティング担当者は、自分の好きなもの、あるいは自分がおもしろいと思ったり人々がおもしろいと言ったりするものについて、**必ず「それは、なぜ（おもしろいと思うの）だろう？」と考える癖をつける**ようにしましょう。これは優秀なマーケターに共通する習慣だと思います。

自分が何かを買ったり見たりして楽しんだあとに、「何でこれを買ったんだろう？」「何でこれを見たんだろう？」と、客観的に理由を分析するのです。

そして、その分析を自分なりに整理するのです。すると、「なるほど、こうだったから、おもしろいと思ったんだ」とか「ここと、ここと、これが組み合わさるとおもしろいんだ」といった具合に、骨組みや構造、ルールといったものが見えてきます。

それがいくつか見えてくると、「この構造は、ぜんぜん違う自分の業界の構造と同じじゃないか」と気づいて、「（自分の）あの案件に応用できるんじゃないか」となります。つまり、自分の消費行動を客観的に見直すだけで、アイデアの創造につながるわけです。

たとえば、「自分がおもしろいと思っているCMの共通点って何だろう?」と考えてみると、「あっ、ジングル(サウンド・ロゴ)だ」と気づく。それは、一般の消費者にとってもおもしろいCMの条件のひとつなのです。

その分析が正しいか正しくないかは関係ありません。自分がおもしろいと思ったもの、あるいはヒットしたものについて、構造やルールを自分で見つけるという作業自体が、マーケティング担当者の発想力を鍛えて、アイデアを広げてくれるのです。

NECのCM「バザールでござーる」や大ヒット曲「だんご3兄弟」などを手がけたメディアクリエーターの佐藤雅彦も、「どうやってアイデアを作るのか」という問いに対して、ルールの重要性を強調しています。*

マーケティング担当者は、まったくゼロから作品を作るアーティストではありません。なので、さまざまな構造やルールの組み合わせを追求することで、誰でも「差別化」につながるアイデアにたどり着けると思います。

あるクリエーターから「濡れた雑巾をギューッと絞ると水が出る。絞り続けると水が出なくなる。でも、そこからさらにググッと絞ると、2滴ぐらい出る。そこまでやるのが、アイデアを作るということだよ」と教えられたことがあります。

いいアイデアが簡単に出せると思ったら大間違いなのです。結局、ものすごい量を

＊ 詳細は『新しい分かり方』(中央公論新社、2017年)を参照。

しつこく考えて、発想し続けるしかないのでしょう。しつこく考えていると、あるときポーンと発想がジャンプすることがあります。つまり、考え続けていない限り、アイデアを広げることはできないということです。

考える量を増やすためには、当然ながら「引き出し」が必要です。マーケティング担当者にとっては、すべてのものが引き出しを増やす刺激になります。なかでも、人に会ったり本を読んだりすることは必須だと思います。その意味では、**アイデアは仕事の時間に会議室で考えるものではなく、普段の生活の中で考えるもの、いろいろな人と会いながら考えるものと考えるべき**でしょう。今抱えている案件をいつも心のどこかに置いておくと、プライベートで人に会ったときでも「おっ、これは関係するかも」と、ヒントが見つかったりアイデアが浮かんだりするものです。

それでもアイデアが出なかった場合のヒントになる、キーニーズ法の梅澤伸嘉が提唱している「メラキアの法則」*を紹介しておきましょう。見ての通り、「めらきあ」は「あきらめ」の逆さ言葉です。

たとえば、電気製品のアイデアを考えているときに、「モーターの関係で、この大きさにはできない」という壁に突き当たる。そして、「どうすれば小さくできるんだ?」とずっと考えているうちに「あ、できた!」となる場合もありますが、突破口が見つからなくて、結局、あきらめることもあるわけです。こうしたアイデアに対して、「メラキアの法則」は「どうしてもダメなときは、あきらめたほうがいいアイデアが出る」と言うのです。

もちろん、単にあきらめるのではなくて、小さくならないとわかったときに、「小さくないほうがむしろいい」と考えてみるのです。つまり、「大きいことのメリットを考えはじめろ」というわけです。

最初のアイデアは、「このサイズじゃなきゃダメだ」というものですが、まったく逆に「いや、むしろ大きいほうがいいんだよ」と考えると、まったく違う使い方や理由が出てきて、結果的にそのほうが良いアイデアになることがあります。これが「メラキアの法則」です。

同じ方向で考え続けるだけでなく、時には方向転換して逆のことを考えてみるのも、とてもよい発想力のトレーニングになるでしょう。

＊ 詳細は『今ない知恵を生み出すしなやかな発想法』（同文館出版、2018年）を参照。

Chapter 3

絶対原則

いろいろな既存のものを、
結び付けたり組み合わせたりするのが、
アイデアの創造

ブレインストーミングや
KJ法などの手法を「正しく」使うことで、
アイデアの創出を促進できる

未充足のニーズを捕らえるアイデアが、
新製品・サービスのコンセプトの核となる

自分自身の消費行動を客観的に分析することが、
アイデアの創造につながる

アイデアは会議室ではなく、普段の生活の中で、
いろいろな人と会いながら、考えるもの

時には方向転換して「逆」のことを考えてみると、
まったく考えてもみなかったアイデアが
出ることもある（メラキアの法則）

COLUMN 01

足立×土合

アイデアを製品化する

足立　土合さんは新製品開発をいろいろ手がけていますね。その中で「濁り」が特長のお茶を作られていますが、そのアイデアは、どういうふうに作ったんですか？　当時は、非常に新しかったと思います。

土合　もちろん、飲料の濁り自体は、ぜんぜん新しいものではありません。普通に急須でお茶を入れると、茶碗の下に少し沈殿物がたまります。あるいは、ストレートのオレンジジュースには、小さな果肉が入っています。ただし、それをペットボトルのお茶でやったからこそ、新しいと思われたわけです。

足立　まさに第3章の冒頭で紹介している「組み合わせ」の発想ですね。でも当時は、ペットボトルのお茶はまったく濁りのない、透明なほうがいいというのが業界の常識だったと思いますが。

土合　その通りです。濁っているほうがリアル感があるというのが、発想のスタートでした。そして味につ

いても濁っている時の方がおいしいものが作れました。だったら、競合との差別化を考えて、あえて常識に反する「濁り」を製品コンセプトにしようとなったわけです。

足立　それまでは透明な飲料ばかりを作っていたんですよね？　違うものを作るわけですから、何か反対とか反発はなかったんですか。

土合　ほとんどすべての部門から実際に製造して販売するのは難しいという懸念が出ました。たとえば、品質管理です。品質管理のためには目視検査が非常に大事なので、「濁っていたら問題があるかどうか確認ができない」とコメントされました。研究所では何の問題もなく製造できても、実際の製造ラインでは問題が発生するというパターンですね。結局、この製品のために新しい品質管理の手法、そしてまったく新しい製造ラインを作ったわけです。

足立　当たり前ですが、マーケターのアイデアだけでなく、技術者などのいいアイデアがなければ、画期的な新商品は世に出てこないということですね。

土合　実際、製造ラインの難易度はすごく高かったんです。それまでは製造ラインは、どれだけ濁りや不純物を取って、クリーンにしていくのかを追求してきたわけですから。それこそ、何ミクロンという勝負ですね。だから「えっ、濁りを残して、

不純物を残さないって、どうやってこの2つを分けるのですか！」といった具合に、ずいぶん詰め寄られました。それでも多くの技術部のメンバーに協力してもらえて、なんとか問題を解決するアイデアにたどりつきました。

足立　経営判断としては当然、「そんなにコストがかかって、それに見合うくらい本当に売れるのか」という話になりますね。

土合　そうです。だから大激論になりました。そのプロセスでは「だったら、濁りを取れ」とまで言われたこともありました。

足立　濁りこそが差別化なのに……。まさに本末転倒ですが、残念ながら多くの企業でありがちな議論だとも思います。

土合　そこで説得できたのは、やはりさまざまな調査の数字が良かったからです。数字に勝る説得材料というのはなくて、結局、いいアイデアでいい数字を集めるということがマーケターの仕事なんですね。

Chapter 4

CONSUMER UNDERSTANDING

第4章

消費者理解

製品・サービスを売るためには顧客である消費者のことを知らなければなりません。そのため、さまざまな調査が存在しますが、目的や仮説を設定しないことには無駄になってしまいます。定性調査、定量調査、データドリブン・マーケティング、日本人の感情など、さまざまな角度から調査について解説します。

定性調査と定量調査で「仮説」を検証する

マーケティング活動では消費者を理解するために、いろいろな調査をします。その際に重要なのは「何のために、何を知りたいか」を明確にしておくことです。

「どちらの言葉に惹かれるか」というような、対象者に答えを選択してもらういわゆる「ABテスト」などは調査の目的が比較的明確ですが、そうした目的や仮説をしつかり決めずに調査を実施しているケースが意外に多いのです。「何のために、何を知りたいか」が明確になっていない調査はほとんどの場合、無駄に終わってしまいます。マーケティング活動を行う前提を知るための調査――「そもそも消費者がどんな活動をしているのか」とか「市場にどういう人たちがいるのか」といったことを把握しておくための調査――は別ですが、新製品やサービスにかかわる調査なら「それを消費者が買ってくれるのかどうか」、新キャンペーンにかかわる調査なら「それが消費者に興味を持ってもらえるのかどうか」を知るために調査をするわけです。

なので、**調査をする前にしっかりと「仮説」を立てることが大事**になります。つまり、「たぶんこう訴求をしたら、うまくいくだろう」という自分たちの仮説を検証するためにテストをする、というのが調査の原則なのです。

マーケティング担当者がかかわる調査の9割は、おそらく仮説を検証するための調査です。にもかかわらず、自分なりの仮説を持っていない人があまりにも多いように感じます。何の仮説もなく、「とりあえず調査してみよう」というのでは、何も新しいことはわかりませんし、アクションにもつながりません。仮説がなかったら調査をする意味がないわけです。

9割が仮説を検証するための調査だとしたら、残りの1割は、仮説を見つけるための調査と言うことができます。**仮説を見つけるための調査はほとんどの場合、「定性調査」**になります。たとえば、「なぜこの商品を買ったんですか」という質問を、グループインタビューや1対1のインタビューで調査していきます。

そうした調査結果から自分なりの仮説を立てていくわけですが、その際に注意しなければならないのは、やはり「バイアス」です。たとえば、定性調査のために調査会社が集めた「フォーカス・グループ」の参加者は、お金をもらって会議室に来ています。なので、「本当はそんなふうに思っていないけど、こう答えたら喜んでくれるかな」とか「面倒くさいから、とりあえず隣の人に合わせておこう」といったバイアスのかかった答えになりがちです。またその来ている人たちが、本当に自分の製品やサービスのユーザーとして代表的な人なのか、確認する必要があります。1対1のインタビューでも同じように、その場の雰囲気とか当日の本人の気分といったバイアスがかかっているわけです。聞き手のインタビューのスキルもバイアスになります。

その意味で、定性調査は非常に難しいものなのです。なので、**定性調査の結果で何かを決断しては絶対にいけません。仮説を作る、または仮説を磨くためのヒントを得る、という程度に留めておくべき**です。フォーカス・グループインタビューの8人中

6人がこう言ったからこうだ、というような判断は、定性調査の使い方として完全に間違っています。

フォーカス・グループインタビューは出席者に対して、「必ず意見を言え」と、なかば強制的に答えさせるものです。本音は「どうでもいい」ことなのに、「いい」とか「悪い」とか、その理由とか、無理やり答えを言わせるわけです。

何となく買っている、何となく使っているというのが多くの消費者の本音でしょう。それなのに、無理やりその理由を考えさせたり、買っていない理由を考えさせたりするのが定性調査なのです。こうした「答えをその場で作る」ような調査には、ほとんど意味がありません。

仮説の検証は主に「定量調査」で行います。さきほどの「ABテスト」がその典型です。資金も時間も限られているので、完全に仮説が検証されるまで、何度も調査を繰り返すわけにはいきません。多くても2回程度でしょう。もちろん、うまく設計をすれば、仮説の修正ポイントが1回の調査で判断できます。

仮説の修正ポイントを的確に理解するためにも、定量調査の結果を予想する「仮説」を持っておいたほうがいいでしょう。「この年代なら、Aが1位で、Bが2位、3位はCかな。その場合、こういう理由が考えられる」といった仮説を立てておくわけです。すると、「20代女性にCの評価が圧倒的に高かった。30代女性がターゲットだと思っていたけれど、ターゲットを20代女性に絞ってCを訴求したほうがいいんじゃないか」といった修正のヒントがスムーズに見つかるはずです。

また、定量調査については、結果の比較対象が選ばれてないケースが意外に多いのも問題です。たとえば、新モデルのコンセプトに80％の人が「いい」と答えたとしても、それ単体では80％という数字をどう評価していいのかわかりません。前のモデルの同様の調査時に90％の人が「いい」と答えていたら、新モデルの評価は10ポイントも下がっているわけです。ところが、80％という単体の数字には何の意味もないにもかかわらず、「80％、好評です」などと平気で喜んでいる人が少なくない。これは明らかに間違いです。

基本的に定量調査をやる場合には、**調査を行う前に、その結果の良し悪しを判断するための「基準値」を必ず設定**して、基準値に対して今回の数値が高いか低いか、良いか悪いか、という評価をしなければならないわけです。

加えて、最近はネットを使った定量調査を行うことも多いのですが、そこにも注意が必要です。ネット調査会社のパネルの多くは、報酬をもらって調査に回答している人です。調査会社によって、若い男性だったり、主婦だったりと偏りがあったりします。安くて早いからという理由でネット調査を行っても、その結果が意味があるものでなければまったくの無駄です。ネット調査をする場合には、その調査パネルとか質問項目等を調査会社任せにせず、自社の製品やサービスのターゲットに本当に合致しているのか、確認する必要があります。

消費者を理解して「使用機会」を広げる

2017年に登場したサントリーの500ml入りペットボトルのコーヒー「クラフトボス」がヒットしました。「これまでと違うコーヒーの飲み方」を、それを求めていた消費者に提供したからこそ、成功したのだと思います。

それまでのコーヒー業界の常識は「小さな缶」でした。コーヒーには香りや苦みが大切という「業界の常識」で、一気に飲み切れるサイズのほうが良いとされていたわけです。そうした常識からすると、クラフトボスは香りも味もまろやかで「おいしくない」コーヒーであり、「飲み切る」という常識とはほど遠いサイズと形状でした。でもヒットしたのは、なぜでしょうか。

実は持ち運びしてこま切れに飲むという、ペットボトルのお茶と同様のニーズがコーヒーにもあることは、業界的には以前からわかっていました。つまり、どの缶コーヒーのメーカーも調査済みだったわけです。それをサントリーが競合に先駆けてやったのです。同じ調査結果を見ていても、判断が違ったわけです。

他社が後れをとったのは、本当の意味でその調査結果、消費者のニーズを理解できていなかったからでしょう。

クラフトボスは、消費者のコーヒーに対する「使用機会」が広がっているというニーズの変化を、ちゃんと理解して対応した好例だと思います。つまり、消費者調査には、その視点やとらえ方次第で、さまざまなヒントが隠されているのです。

? データドリブン・マーケティングの有用性

「データドリブン・マーケティング」は、オンラインモールやネット通販などのEC（eコマース、電子商取引）系では、もはや常識になっています。また、どこの企業もネット上とリアルの消費者IDを結び付けて、最適なタイミングで、最適なオファーを、最適な顧客にする、というマーケティングを実行するために努力しています。

でも、こうしたデータドリブン・マーケティングだけで消費者のことが本当に理解できるのでしょうか。「差別化」のための企画や施策を作れるのでしょうか。答えは「ノー」です。

たしかにデータは大事です。データによって日々の改善を行い、オペレーションの効率化やCPI*の改善を推進するのは必須ですし、これを怠ると、データによる改善を進めている企業に差をつけられてしまいます。

でも、「どう差別化したら、消費者が買ってくれるのか、使ってくれるのか」ということに関しては、「この人たちに、こういうアプローチをしたら、こういくんじゃないか」という仮説を人間、つまりマーケティング担当者が、自分の頭で考えて、実施していくことのほうが、データによる改善や効率化よりもはるかに大切だし、差別化になります。マーケティング・オートメーションなどのシステムを導入すれば、日々の改善やオファーやメッセージの最適化などはできるかもしれませんが、他に同じようなシステムを入れている会社がいたら差別化にはなりません。ユニークな仮説やコンセプトは、どんなにデータを集めても作ることはできません。

端的に言えば、**原則としては「仮説のほうが（データを集めるより）先」**ということです。いっぱい持っている**仮説を検証するためにデータを活用するというのが、や**

＊ Cost Per Install＝1インストールあたりの広告コスト

はり成果を上げるマーケティングのやり方です。

もちろん、データドリブン・マーケティングをしっかりやらないといけないマーケティング担当者も少なくありません。オンラインショップやアプリなどのデジタルのマーケティングは（マス広告などを使わない限り）基本的にはネット上で完結するので、毎日ネット上のデータを見て、どうやったらより高い数字が上がるんだろうと試行錯誤しているマーケターが増えているわけです。

ただ、データドリブン・マーケティング専門のマーケターには、どうしても「欠点」ができてしまいます。自分の施策で効果が上がったとしても、「じゃあ、どうしてこの数字が良くなったのか」ということには、後付けの説明でしか答えられません。つまり、ユーザーがデータに置き換わっているので、生身の消費者を理解するという発想が育たないわけです。

それがわからないままでも成果を上げられるというのが、データドリブン・マーケティングの特長なのでしょうが、なぜ効果があったかを、顧客の気持ちになりきって突き詰めて考える習慣がないと、結局は効率化は行き詰まってしまいます。

これ以上、効率が上がらないという状態になった時に、新しいユーザーをどう開拓するのか、また新しい市場をどうやって作るのか。そうしたことに答えられる仮説を立てて検証していく訓練の機会が少ないというのは、やはりマーケターとしては大きな欠点です。

また、データドリブン・マーケティングには「法規制」という問題もあります。たとえば、ＥＵ（ヨーロッパ連合）では「Ｃｏｏｋｉｅ法」（ｅプライバシー規制）が施行されようとしています（２０１９年12月現在）。Ｃｏｏｋｉｅはユーザーのｗｅｂサイトの来歴情報を保存する仕組みです。ネット上では、このＣｏｏｋｉｅデータを利用して広告配信などが行われているわけですが、個人のプライバシー保護のため、それを利用できないようにするというのがＣｏｏｋｉｅ法です。こうした規制は早晩、日本でも行われるようになるでしょう。

つまり、今のデータドリブン・マーケティングが突然使えなくなることが十分にあり得るわけです。マーケティング担当者は、近い将来データドリブン・マーケティングができなくなることも想定して、本当に継続的に差別化できるマーケティング戦略を考えるべきだと思います。

日本人は「ロジック」でなく「感情」で動く

日本人は決して「ロジカル」ではありません。これは、日本の消費者を理解する上での前提だと思います。

たとえば、「スマホ」です。大手のキャリアはスマートフォンの利用料が月1万円くらいかかります。対して「格安スマホ」であれば月2000円くらいからです。でも、ほとんどの人が「格安スマホ」に乗り換えません。ロジカルに考えたら、毎月何千円も多く払っているのだから、乗り換えという選択しかないと思うのですが、多くの人がしないわけです。

「普通預金」もそうです。日本の普通預金は、利率が0・1%くらいにしかなりません。定期預金でも、そんなに大きく利率は変わりません。株式投資や海外の金融商品投資に回したら高い利率で資金を運用することができるのに、多くの人が普通預金や定期預金に大半の資金を預けたままです。

最近では、キャッシュレスやQRコード決済がそうです。キャッシュレスで支払えば確実に数%、QRコード決済のキャンペーン時には数十%も安くなるのに、多くの人はいまだに現金を使い続けていて、キャッシュレス決済はなかなか浸透しません。

つまり、多くの日本人はロジカルではないと考えられます。目の前に今よりも明らかにいいものがあるのに、やらない。なぜそうなのかは、なかなか説明がつきませんが、とにかく「事実」としてそうなのです。

なのでマーケティング担当者は、日本の消費者はそういうものだという前提で、企画や施策を考えたほうがいいと思います。裏返して言うと、**日本の消費者はロジックではなく「感情」で動く**ということです。うまく感情に訴求できたマーケティングは、きっと成功します。

Chapter 4

絶対原則

仮説を検証するのが調査。
仮説のない調査は時間と金の無駄

定性調査の結果で、何かの意思決定をしない

定量調査では、結果の良し悪しを判断するための
「基準値」を必ず設定する

データドリブン・マーケティングだけでは、
消費者理解にも、長期的な優位性にもならない

消費者のロジックだけではなく、感情、
「なんとなく」という感覚に影響を及ぼす

INTERVIEW 1-2

顧客起点マーケティングとは？ その2

西口一希 × 足立 光

Kazuki Nishiguchi

元スマートニュース
マーケティング担当執行役員

今やニュースアプリとして圧倒的な地位を確立したスマートニュースですが、数年前までは認知率は低いものでした。改革のきっかけは一人のユーザーにどうやってファンになってもらうかを探し続けるスタンス。新しい便益誕生のストーリーに迫ります。

足立　西口さんはニュースアプリ「スマートニュース」を急成長させた立役者です。どんなマーケティング戦略があったのか、また、「9セグマップ」をどう活用したのか、そのへんの話をぜひおうかがいしたいのですが。

西口　僕が２０１７年４月に参画した時には、スマートニュースの認知率は30％くらいしかありませんでした。競合は40％を超えていて、「Ｙａｈｏｏ！ニュース」にいたっては80～90％でした。なので、まず認知を増やさなければいけなかったわけです。

足立　どんなものか知られてもいないのに、「使ってみて」とは訴求できませんよね。「そんなの、知らない」と言われておしまいです。

西口　ただ、すでにニュースアプリというものが存在しているというのは、世の中の大部分が知っていました。その状況で、単に「私はニュースアプリですよ」と言っても、誰もダウンロードしてくれません。スマートニュースを認知しているけれどもダウンロードしていない人も、そもそも認知していない人もそうです。なので、ニュースアプリというカテゴリーとしての便益「以外」のところで、スマートニュースを使わなければいけない理由を提供しなければいけない、と考えました。つまり、スマートニュース独自の便益（ベネフィット）を提案しなければならないということです。もちろん、単なる変なアプリでは使ってくれないし、独自性の薄いニュースアプリでは、「Ｙａｈｏｏ！ニュースでいいよ」ということになるので、使ってくれません。

ターゲットにインタビューを重ねているうちに、最初に響いたのが、「英語のニュースを、毎日英語で読める」という機能でした。アメリカのスマートニュースですでに展開していた機能であり、アメリカでも配信をしているのはほぼスマートニュースだけだったので、日本ではこの機能はスマートニュース「だけ」が「すぐ」に実装できるわけです。外資系の人とか英語に興味のある人が「それはおもしろい」と反応したわけです。どの競合にもなかった機能なので、英語に興味のない人も「すごい、そんなの見たことない」と言ってくれました。

足立　本当に毎日読むかどうかはわからないけれども、他の日本のニュースアプリにはない、まったく新しい機能。オンリー・ワンの独自性ということですね。

西口　そこに「勉強できますよ」という便益を付加することによって、スマートニュースを認知しているけれどもダウンロードしていない人、そもそも認知していない人たちが、一気にダウンロードしてくれたわけです。

足立　英語ニュースの次にやったのが、大ヒットした「クーポン」ですね。

西口　マクドナルド時代の足立さんにもお手伝いいただきましたね。従来のアプリのクーポンは、マクドナルドや吉野家やガストなど、それぞれの会社のアプリを開けないといけないし、開けてみるまで今日は何のクーポンが出ているのかわからないという状態でした。そこに潜在的なニーズがあるということは、すでにわかっていました。ターゲットの人たちにスマホを見せてもらったら、半分以上の人は何らかの飲食のアプリを入れていてクーポンを使っていました。「じゃあ、これをまとめたらすごく新しいだろう」と。実際、こんな機能があったらどうですかと聞くと、認知しているけれどもダウンロードしていない人、そもそも認知していない人はもちろん、スマートニュースの既存のユーザーにも評価が高かったわけです。つまり全面的に好評で、これをやったら、今のユーザーももっと使おうとなるし、離反している人も戻ってくるし、使っていない人もダウンロードしてくれるというのが見えたわけです。

足立　飲食のクーポンは毎日使いますからね。

それは強いはずですよ。

西口　「タイムセール」もわりと人気なのですが、ユーザーが欲しいモノが出たときにだけ使うものなので、なかなか毎日の習慣にはなりにくく、日常習慣性は弱いわけです。日常生活にひもづいた情報を発信するというのがスマートニュースのミッションなんです。なので、まだユーザーになっていない人たちにどうやったら響くんだろうと、ずっとターゲットに対するインタビューを繰り返しているわけです。

足立　インタビューというのは、９セグマップに沿ったグループインタビューとかですか。

西口　グループインタビューをやる時もありますが、一番いいのは、自分が普段会っている人たちに聞くことです。「スマートニュースを知っていますか？」「使っていますか？」「どのくらい使っていますか？」「次に使おうと思っていますか？」という質問だけで、その人が９つのセグメントのどこに当てはまるかわかります。そして、その人が普段、スマートニュースに近しいどんなサービスを使っているのかなどを聞いていきます。スマホを見せてもらって、どんなアプリが入っているのかがわかると、だいたい「仮説」が見えてきます。そうしたら「こんな機能があったらどうですか？」などと、さらに聞いていくわけです。

足立　西口さんが言っている「顧客起点」というのは、まさにそういうことですね。

西口　結局、一人のユーザーに、どうやって認知してもらって、どうやってファンになってもらうかを探し続ける、聞き続ける、洞察し続けるということですよね。足立さんも同じことをよく言っていますね。

足立　リサーチを大規模にやるというよりは、

目の前にいるこの人に、何を言ったらファンになってくれるんだろうと自分なりに考えて、実際にいろんな仮説をぶつけて、その反応を見るということの繰り返し、ですよね。

西口　駅前で屋台のたこ焼き屋を自分でやっていて、お客さんが来たらいろいろ話をしますよね。「もうお帰りですか？」とか「今日はお買い物ですか？」とか。お客さんたちが普段どんな生活をしていて、雨の日はどうだとか、暑い日はどうだとか、見て聞いているうちにだいたい何をすれば効きそうか、わかるじゃないですか。普通の商売人はみんな、どんなサービスを提供したらいいかとか、どの時間帯でやったらいいかとか、お客さんの生の情報を聞きながらやっています。結局、マーケティングってそれだけのことなんです。大企業のマーケターも、駅前の屋台と同じように、シンプルにお客様のことを考え抜いて商売しましょうよ、と言いたいですね。それなのに、いろんなマーケティング手法がありすぎて、セミナーばっかり行って、オフィスで難しい話ばっかりしてるから、訳がわからなくなって、どんどんユーザーが離れていくわけです。そうではなくて、直接ユーザーに会って、「なんで、そんなに使ってくれるんですか？」と聞く。5人も聞けば、自分が何から離れてはいけないかが必ずわかるはずです。そして、ユーザーでない人の話を聞けば、今、何が足りないかが必ずわかります。認知の施策が足りないのかもしれないし、製品に何らかの足りないところがあるかもしれない。そうすると、同じ商品を他のチャネルで売る可能性が見えてきたり、まったく違う商品を作る可能性が見えてきたりするはずです。その人たちがどんな生活をしているのか、どういう人生を歩んで来ているのかから、愚直に

聞いていく。その中から自分の製品・サービスに何ができるのかを考え抜くことがマーケティングだと思います。

足立　お客様からお金をいただくわけですから、その人の話をよく聞いてその人のことを知るというのは、やはり原点ですよね。

西口　お客様がいるから自分が存在できるんだということがわかっていれば、自分はお客様に何ができるんだろうかと常に考えることができます。それができない駅前のたこ焼き屋がつぶれていくように、それができないマーケターばかりいる企業の業績が、よくなるはずがない。これは自分の反省を込めて言うのですが、お客様を「対象物」や「数字」として見るようになると、お客様の実情からどんどん離れていきます。僕の場合、失敗したパターンは全部そうでした。なので、「9セグマップ」は考えるためのツールとして使ってもらえればいいだけなのです。

マーケティング、つまり商売の原点は、どうしたら一人のお客様にファンになってもらえるかを考え抜くこと、それを5人、10人とどれだけやり続けていけるのかということ

「だけ」だと思います。ただし、今のユーザーに「どうやったらファンになってもらえますか？」と聞いても答えはありません。認知すらしていない人に「どうやったら使ってくれますか？」と聞いても「知らんがな」で終わりです。知らない人には、「代替品として何を使っていますか？」と聞けばいいわけです。何を聞くべきか、何を考えるべきかはセグメント、つまり、相手がどんなお客様かによって変わるわけです。その整理のために「9セグマップ」はとても役立つと思います。

足立　繰り返しになりますが、各セグメントのその人に何が響くか、何が効くのかを、仮説をぶつけながら聞いていくことがマーケティングの原点なのでしょう。だからこそ、スマートニュースの新しい便益もそこからちゃんと出てきたわけですね。

Chapter 5

NEW PRODUCT DEVELOPMENT

第５章

新製品開発

新製品開発に必要なマインドは、「自分のビジネスを脅かすものは何か」「この製品・サービスがなくなるとしたら、その代わりは何か」と考えることです。誰に何をどのように売るか、どのように話題化していくか、コミュニケーションしていくかということが、新しい商品を世に出していく際に求められます。

? 他社に先を越されないために必要なこと

新しい製品やサービスを考える時には、今自分が携わっているビジネスをいったん離れて考えてみることが大切です。つまり、**「自分のビジネスを脅かすものは何か」という視点で、常に世の中を見ておく**ことです。そうしないと、もしかして時代遅れになっている自社の既存ビジネスを伸ばすことだけに注意を奪われ、新しいビジネスチャンスに乗り遅れます。

大人用紙おむつ「アテント」の事例を紹介しておきましょう。今はエリエール（大王製紙）が販売していますが、以前はP＆Gが製造・販売していたもので、日本初の大人用紙おむつとして１９８４年に全国発売されてヒットしました。海外では今もP＆Gの商品なのですが、日本の事業だけが２００７年に大王製紙に譲渡されました。P＆Gがアテントを販売していた１９９０年代前半、後発のユニ・チャームは「ライフリー」のブランドで「尿とりパッド」をヒットさせました。尿もれの程度が小さいのに、それしかないので、大きいゴワゴワしてつけ心地の悪い紙おむつをじゃまに感じながら仕方なく使っていた人たちのニーズを、見事にとらえたわけです。紙おむつの中に尿とりパッドを使うことで、毎回わざわざ紙おむつを取り替えなくても、紙おむつを少し開けて尿とりパッドだけを取り替えればよくなったので、介護する側の視点からも大ヒットの製品でした。ただし、尿とりパッドの投入によって、当然のことですが、既存品の紙おむつの使用頻度・売り上げは落ちました。

業界的には、そうしたニーズがあることは自明だったわけです。自社がやらなくても早晩、競合が尿とりパッドを開発するということが見えていたにもかかわらず、アテントは今のブランドの売り上げを支えている大人用紙おむつの売り上げに影響があることを恐れて、尿とりパッドの開発が遅れ、製品をタイムリーに投入できなかったわけです。

「自分のビジネスを脅かすものは何か」を常に考えていれば、アテントはユニ・チャームより先に尿とりパッドを市場に投入できたかもしれません。

たとえば、今一部の先進的な美容室の経営者たちがひそかに危惧しているのは、ウィッグの質が非常に向上していることです。「5年後には、短髪に毎日違うウィッグをつけて、毎日違う髪型を楽しむというのが当たり前になる。そうしたら、髪を切るとかカラーするといった美容室がいらなくなるかもしれない」と考えているわけです。技術的にはもう可能なことなので、決して大げさとはいえません。

なので、美容室の中には、ウィッグを作って提供する側に回り、そのメンテナンスなどもやってしまおう、という経営者がすでに出てきています。これも自社の市場を脅かす新しい流れを、自社の既存のビジネスが縮小したとしても、自分からやってしまおうという例です。

他にも、あっという間に既存のビジネスが終わってしまう業界があります。たとえば音楽業界です。音楽を聞くデバイスが、ここ30年の間にレコードからCD、そしてCDからダウンロードになって、今やダウンロードでもなく、クラウドからのストリーミングになっています。カセットテープやMDといった市場は、ほぼなくなってしまいました。また日本の音楽の業界では、ヒット曲を生み出す「法則」が数年で無効になり、新しいヒットの法則に置き換わっています。*

そのスピードは業界や製品・サービスによって違うでしょうが、今自分が担当している製品・サービスが何によって退場を迫られるのか、それに競合よりも早く気づいて、先に自社でやってしまう。今この瞬間だけではなくて、**「5年後、10年後どうなるんだろう」と考えてみると、今は勝てないけれど、将来勝てるかもしれないというネタがきっとある**はずです。

そんな大きな視点から提案するのも、新製品開発におけるマーケティング担当者の役割だと思います。

競合に勝ち抜くためのウォー・ゲーミング

実際には、長期的な視点に立った新製品の開発よりも、今この瞬間の勝ち負けを争う新製品の開発に携わっているマーケティング担当者が多いと思います。なので、すぐに役立ちそうな戦略立案の手法**「ウォー・ゲーミング」**を紹介しておきます。

＊ 詳細は『ヒットの崩壊』柴那典 著（講談社、2016年）を参照。

これは、**戦略を立てる時に、自社視点だけではなく、「競合が何をやられたら最も嫌か」を競合視点から考える**という、コンサルティングではおなじみの手法です。

大きな競合が2つある企業の場合、3人以上の参加者が必要です。自分の会社、競合企業AとBというふうに3チームに分かれ、それぞれがその会社の社員になりきって、どうやって相手企業からビジネスを奪うかを考えるというエクササイズです。

他社がやられて最も嫌なことは、自社が強い「プロフィット・センター」(数ある中で、多くの利益を生んでいる事業)」を攻められることです。また、業界トップなので訴求内容を変更しにくい事業、先程のアテントの事例はまさにそうですが、を違った角度から攻められることです。通常は、その会社で業界トップの事業やブランドがプロフィット・センターであることが多い。なので、どの会社の製品・サービスがもうかっているか、何をやられたら一番嫌か、それをどうやって攻めるか、それぞれの立場になって一生懸命に考えて持ち寄ると、思いがけない発見があります。

「相手の強いところ、プロフィット・センターをあえて攻める」という例で、マクドナルドの事例も紹介しておきましょう。当時、喫茶店で一杯数百円以上はしていたコーヒー市場に、マクドナルドは「100円」で参入して、大成功を収めていました。これ自体が、喫茶店がやられたら嫌なこと、主力で利益率の高いコーヒーを安く提供されること、をマクドナルドが実行した事例です。またこの圧倒的な成功によって、マクドナルドの「カフェ使い」という新しい顧客層を獲得できました。

それに目をつけたコンビニは後発で「コーヒー100円」を大々的に開始し、先行していたマクドナルドのシェアを大きく奪いました。

マクドナルドのコーヒーは作り置きです。マクドナルドは大勢のお客様に短時間で提供しなくてはならないので、ピーク時には一杯ずつコーヒーを作って提供するわけにはいきません。それに対して、コンビニは支払いを終えた後、お客様が自分で一杯一杯抽出するコーヒーです。ここが、マクドナルドが絶対まねのできないポイントでした。実際においしいかどうかはともかく、「一杯一杯抽出する」という「できたて感」がお客様に説得力があったのでしょう。

？ 新製品のアイデアを外部から買う

P&Gは新製品開発の一環として、たびたび外部からアイデアや、製品そのものを買っていました。**「サーチ・アンド・リアプライ」**（探してきたアイデアの再活用）と呼ばれていた戦略で、業界に関係なく、自社で利用できるさまざまなテクノロジーや商品の「タネ」を買収し、自社の強力なブランドや販売網で世界中に販売するわけです。それはP&Gの強みになっていますし、実際、P&Gの現在の主力のブランドの多くは、実は買収したブランドです。

たとえばP&Gが世界中でヒットさせた低価格の電動歯ブラシ「クレスト・スピンブラシ」は、ヒットした電動歯ブラシのブランドを買収して、ブランドを変えて世界中に発売したものです。*

自社の中からなかなか新しいアイデアや新製品が出てこない場合には、**まったく違うカテゴリーや、外国で成功している製品・サービスのアイデアや事業を買収して、自社ブランドとして販売してしまうというのは、とても有効**です。

今日では大企業がベンチャーからアイデアやテクノロジーを買って、それを展開するということは、世界中で普通に行われています。外部から新製品アイデアの「タネ」を買うことに、まったく問題はありません。

合法であれば、わざわざ買収する必要もありません。たとえば、P&Gがアメリカで大ヒットさせた「スイッファー」という取り替えシートがついた床掃除用のブラシがあります。要するに、花王の「クイックルワイパー」と同様の商品なのですが、日本で発売されて大ヒットしたクイックルワイパーを見たP&Gが、花王が展開する前に、自社で開発してアメリカで発売したわけです。開発のスピードと強い販売網があれば、こうした「戦略」も可能でしょう。

新製品開発に携わるマーケティング担当者は、常に「これは自社の新製品に応用できるんじゃないか」という視点で、さまざまな業界、さまざまな国のマーケットの動きを見ておくことが必要だと思います。

これは新製品開発に限定した話ではなく、プロモーションやマーケティング全体のプランニングにおいても、他業界や他国を見る視点はとても重要です。

ネーミングというコミュニケーション

ネット全盛の今、ネーミング（製品名）は、ますます重要になっているので、マーケティング担当者なら考えに考え抜いたほうが良いでしょう。

ほとんどの製品・サービスは、何かしらのキャンペーンやコミュニケーション施策を永続的に打てるわけではありません。また検索画面など、ネット上ではパッケージの画像が表示されず、製品・サービスの名前（テキスト）しか表示されないことがよくあります。なので、**製品・サービスの「コミュニケーション」として最終的に唯一**

＊　詳細は『P&Gウェイ：世界最大の消費財メーカーP&Gのブランディングの軌跡』デーヴィス・ダイアーほか著（東洋経済新報社、2013年）を参照。

残るもの、最終的に頼りになるものは、ネーミングなのです。

ネーミングだけでどんな（特長の）製品やサービスかがわかることが理想的です。それは「覚えやすい」とか「語感がいい」などを含めて、誰もがネットを使っている今日、昔以上に大事になっています。

ＬＩＮＥニュースやＹａｈｏｏ！ニュースには13文字しか表示されない画面もあります。ツイッターにも字数制限があって、ハッシュタグは、短ければ短いほど拡散しやすいことなどがわかっています。なので、語感がよくて覚えやすい、心に残る、かつ短くて拡散しやすい、どういう便益なのかわかりやすいネーミングを考え抜くことは、決して無駄にはなりません。

ネーミングでは昔から小林製薬が秀逸です。熱を冷ます「熱さまシート」、息をフレッシュにする「ブレスケア」など、製品のかたちや機能がイメージできるような、覚えやすいネーミングには枚挙に暇《いとま》がありません。製品そのもののネーミングだけで、その製品が何をしてくれるのかを、消費者に想起させることができるわけです。

先に新製品を開発して、最後にそのネーミングを決めるというのが、ほとんどの企業の順番だと思います。ただ本来的には、「その製品で何を訴求するか」というコンセプトとネーミングは一体のはずです。

なので、ネーミングの重要性が増している今日においては、**新製品開発のコンセプト作りのところから、ネーミングも一緒に考えてあげることがとても大事**になっていると思います。そのやり方なら、「こんなコンセプト・ネーミングの製品・サービスがほしい」と最初に決めて、それに合った製品・サービスを開発し、それに合った売り方をするという、とても一貫性のあるマーケティングができるでしょう。またコンセプトをスクリーニングする時、最終的なネーミングを提示できていれば、実際に販売する時に違うネーミングになってしまうというギャップを少なくすることもできます。ネーミングは最後に決めるものではなくて、最初にコンセプトと一緒に決めるものと考えたほうが、より確率の高い施策を進められると思います。

例として、マクドナルドの「チキンタルタ」のケースを紹介しておきましょう。

マクドナルドには「チキンタツタ」という既成の商品があって、こちらは根強い人気があるので何度も期間限定で復活販売されていました。そこで、次回は「チキンタツタ」のライン・エクステンションと一緒に再度、期間限定販売しようということになりました。

好評だったとはいえ、従来からある「チキンタツタ」だけでは新しさがありません。

それにチキンタツタはさっぱりした味付けなので、ガッツリした味を好むお客様は物足りなさを感じていました。なので、さっぱりした「チキンタツタ」に対して、こってりした新アイテムを同時に販売し、「どっちがおいしいんだ?」という、対立構造を作って話題化しようというのが最初のアイデアでした。

こってりした新製品の候補のひとつがタルタルソースを使った製品でした。「それなら、チキンタツタに対して、チキンタルタだ」と、覚えやすさや語感のよさで先にネーミングを決めてから、そのネーミングでコンセプトテストを行い、「タツタ対タルタ」という対立構造のキャンペーンを開発したわけです。

まずはどのように話題化するか(対立構造)を決めて、それに合った製品の方向性(こってり)を定め、候補の中から「タルタ」のネーミングを決めて、製品とコンセプトを最終化し、実際のキャンペーンを企画して行く、という順番だったのです。

多くの企業では、製品を作る人と売り方を考える人が別なので、こうしたマーケティング主導、話題化やコンセプト・ネーミングを優先した製品開発のやり方は簡単ではないでしょう。けれども、それにチャレンジしなければ、売れる新製品はなかなか開発できないと思います。

第6章で詳しく説明していますが、今は話題にならないと売れない時代です。ということは、**開発される製品・サービスの中に、最初からどう話題化するのかの要素を入れておくのがベスト**です。多くの企業では、開発部が開発した新製品が「こういう製品です。どう売るかは任せます。製品は変えられません」という状態でマーケティング部にわたされて、「こういう要素が製品にあったら、もっと話題にできるのになあ」とマーケティング部や広告代理店が四苦八苦している、というのが現状ではないでしょうか？

製品が先、最後にネーミングといった従来の順番で新製品を開発している企業は、今も損をしているし、これからもっと損をするようになるでしょう。

新製品を開発する時には、誰に何を、どうやって売るか、どのように話題化するか、コミュニケーションするかという、最終的なコンセプトやキャンペーンまである程度考えた上で、これなら話題になって売れそうと判断した時点で、話題になる要素を含んだ製品を開発してあげるほうが絶対的にいいと思います。もちろん、良い製品であることが大前提なのですが。

ただし、ネーミングが必ずしも短くて覚えやすくなくていい、という業界もあります。たとえば、ゲームがそうでしょう。最近のゲームは、特にシリーズ物の場合、やたらに長いカタカナや英語のタイトルが多いのですが、コアなユーザーが多いので、ちゃんと覚えてくれます。そして、「ファイナル・ファンタジー」なら「FF」、「ポケモンGO」なら「ポケゴー」のように、略して話題にしやすい短いネーミングにしてくれます。

映画や本も、タイトルだけで内容を伝えることは難しいので、タイトル以外にサブタイトルをつけることがあります。こうした業界では、どのような内容かを表す「2行目」に検索されやすい言葉を入れることで、検索に引っかかりやすくする、という目的がある場合もあります。

また、ゲームなどアプリ系の製品は、すべてオンライン上で完結するので、店頭に並べる製品・サービスが必ず直面する「場所取り」の問題がありません。

シャンプーのような日用品ならドラッグストア、本なら書店といった具合に、販売する場所がある製品・サービスは、そのネーミングとパッケージ（第9章詳述）がコミュニケーションで最も重要です。店頭のお客様に、POPでもつけない限り、それ以上の説明はできないのです。中にはパッケージや価格タグにQRコードをつけて、スマホなどで「説明が読めます」としている商品もありますが、ほぼ見られることはありません。ほとんどのお客様は、ネーミングとパッケージだけを見て、その「瞬間」に買う・買わないを決めているわけです。

ほとんどの製品やサービス、特に「店頭」がある製品・サービスでは、ネーミングはとても重要なのです。ゲームなどアプリ系の製品・サービスは、ネーミングについては「例外」と考えたほうがよいでしょう。

炎上マーケティングのリスクとリターン

新しい製品・サービスを開発して、そのマーケティング活動を展開していくと、当たり前の話ですが、「売り上げのリスク」と「評判のリスク」が生じます

売り上げのリスクのほうは、話が単純です。ほとんどの企業が売り上げに関する「(予測)モデル」を持っているので、その予測と結果を比較して評価しながら、販促などの施策を必要に応じて修正して実行していくわけです。

問題なのは「評判のリスク」、つまり「炎上」でしょう。話題になるということは、その新製品がプロモーションなども含めて何かしら「尖《とが》っている」からです。尖ったものには、どうしても悪い評判が立ったり、炎上するリスクがともないます。

ただ現在においては、そもそもまったく話題にならないような製品は、消費者の心に留まりません。人は1日3000回、何がしかの広告またはコミュニケーションに

触れていると言われています。つまり、**その広告を見た瞬間に心に残るようなインパクトのあるものでないと、そもそも覚えてもらえないので、広告をする意味がない**わけです。なので、炎上したとしても製品の評判が落ちないような仕掛けやバックアップを考えながらやるしかないと思います。

尖れば尖るほど、それに関して不快だと思う人が増えていく可能性が高まるのは間違いありません。ただし、たとえばネット上で、「あの新製品のＣＭが不快だ」というように炎上していても、実際に悪口を書いている人は、ほんの一部の人たちという場合がほとんどです。すごく少ない人数が強烈な正義感で何回も書き込み、また悪い意見のほうが拡散しやすいので、炎上しているように見えるわけです。

もちろん、だから気にしなくてもいいと言っているのではありません。炎上したら会社または製品・サービスの評判として、たしかにダメージは大きいです。なので、炎上がなくならないという前提、何をやってもノーと言う人は必ずいるという覚悟と前提で、プロモーションなどを企画していくことが大切になってきます。

つまり、事前の炎上対策が必須です。自分たちが行うキャンペーンのどのあたりが、どのように炎上しそうかを事前に洗い出しておいて、ここで炎上したらどうするかという対策を広報部門なりと事前に共有しておくわけです。発売後はそのような炎上が起きないかをモニターして、何か起きそうな気配があれば大きくなる前に対策を打っておくことで、大きく炎上することは防ぐことができます。

炎上してからでは遅いのですが、**たとえ炎上したとしても、もうすでに対策はあるという状態であることがとても重要**だと思います。

実は、昔から「炎上マーケティング」は存在していました。たとえば、興和が広告として全国的に薬局の店頭で展開した「コーワガエル（ケロちゃんコロちゃん）」の人形が登場するテレビCMです。新製品「コルゲンコーワ」のキャンペーンで、「お前なんか嫌いだ」と小学生がコーワガエルに落書きをするCMを流すと、案の定、クレームが殺到して、CMは差し替えになりました。ただし、このクレーム騒動で製品の認知度は格段にアップしたわけです。

エーザイの「チョコラBBドリンク」の桃井かおりが出演したテレビCMも有名でしょう。「世の中、バカが多くて疲れません?」というセリフに、クレームが殺到しました。すぐに、まったく同じ場所でまったく同じように桃井かおりが、「世の中、お利口が多くて疲れません?」と語りかけるCMに、差し替わったわけです。これは確信犯的手法だったのでは、と推測します。

視聴者の印象に残れば残るほど、いいコミュニケーションです。そして、炎上するかもしれないくらい尖ったもののほうが強く視聴者の感情に訴えるので、印象に残りやすいわけです。なので、炎上した時のために代わりの「安全な」広告素材を事前に用意しておいて、クレームがあったらすぐに差し替える、というのも立派な「戦術」だと思います。

「差し替える」ことを前提に広告を作るということは、化粧品系の会社などでは、比較的一般的に行われていました。広告のコピーとして薬事法上「グレー」な、でも強めの表現というのがあるのですが、それをあえて最初に流す広告に使います。そして、たとえば競合からクレームが入ってきたら、用意しておいた別の「安全な」表現の広告素材に差し替えるわけです。特に広告表現が法的に規制されているような業界で、消費者の心に残るような強いコミュニケーションをするためには、それくらいの覚悟と準備が必要だと思います。

炎上やクレームの対象になる内容は、当然ながら「時代」によって変わってきます。たとえば、30年ほど前に大ヒットした「リゲイン」(第一三共ヘルスケア、旧・三共)の「24時間戦えますか」と問いかけるテレビCMも、働き方改革が叫ばれる現在に同じことをしたら、炎上間違いないでしょう。

その時代で、何が消費者の心に響くか、何が人の心をとらえるかを考える時には、やはり「顧客目線」がとても大切になってきます。

たとえば、日本の企業の多くは意思決定者が男性ばかりになりがちです。そんな状態で、本当に女性向けの新製品の開発やキャンペーンの企画について、正しい判断ができるのでしょうか。顧客目線というのは、そうした構造的な問題を解決することも含んでいます。

新製品を開発する際にも、最終的なコミュニケーション活動を企画する際にも、その判断はできるだけターゲットに近い人を含む、多様な背景を持つメンバーで行ったほうがいいと思います。

Chapter 5

絶対原則

「自分のビジネスを脅かすもの」こそが
新製品のヒント

業界の5年後・10年後を想像してみることが、
競争優位を生む

競合のプロフィットセンターを
攻めることを考える

新製品やサービスのネタや技術は、
自社で足りなければ外部から買う

ネーミングは、最終的に最も頼りになる
コミュニケーション

炎上を怖がってリスクを取らないのではなく、
炎上に対して万全の準備をして攻める

足立×土合

COLUMN 02

イノベーションとは？

土合　「イノベーション」には既存のものを強化するイノベーション（これは「リノベーション」と言ったりもします）、それから既存のものを無にして、まったく新しい基軸を立てるイノベーション（これがシュンペーター*が言っていた本来の意味です）、があります。両者はやはりだいぶ違うと思うのですが、どうでしょうか。

足立　イノベーションは、いろいろな文脈で使われるので、すごく混乱する言葉の代表だと思います。「お客様の声を聞いたらリノベーション（改善）はできるけれど、イノベーション（革新）は生まれない」といった言い方もあります。本来的には技術の「革命」がともなわないとイノベーションとは呼ばないのでしょうが、実際には、ライン・エクステンション（製品ラインの拡張）のことをイノベーションと呼んでいる会社もあります。プロモーションの分野でもイノベーションという言葉が

＊　ヨーゼフ・シュンペーター（1883—1950）。オーストリア・ハンガリー帝国生まれの経済学者。イノベーションの類型を提示した。

使われている会社が少なくありません。流通の分野や価格の分野でも使われるケースがあります。

土合　イノベーションは「既存の技術の強化〜既存の技術の無化」と「今の顧客向け〜新しい顧客向け」という2つの軸で評価するのがわかりやすいと思います。アメリカのイノベーション研究者のアバナシーとクラークの分類*ですが、たとえば、洗剤のライン・エクステンションなら、より汚れが落ちるようになったというのは既存の技術の強化で、今の顧客向き。イノベーション度は非常に低いわけです。これまでになかった香り付きですとなったら、洗剤に香りがほしかった新しいお客様向きではあるけれども、やはり既存の技術のアレンジでしかないので、やはり低い。でも「超音波なので洗剤は要りません」となったら、既存の技術の無化に近くて、イノベーション度は高くなる。「革命」という意味では、「もう洗濯は要りません」というのが、シュンペーター的イノベーションでしょう。

足立　マーケティング担当者が4Pのうちの何を担当するかによってイノベーションのとらえ方は変わりますが、モノやサービス作りにかかわる人から広告やPRにかかわる人まで、イノベーション的な発想が求められている時代であることは間違いないでしょう。なので、新しくて、

ユニークで、便益があって、ビジネスになるというのを全部イノベーションと呼んだほうが、マーケティングを実践している方の現状に即していると思います。今の製品を新しい顧客に売りましょうという場合でも、イノベーション的な発想が求められます。たとえば、エスエス製薬の「ハイチオールC」。もとは二日酔いの一般薬でしたが、美白のために売り出しましょうとなって、大ヒットしたわけです。それは、立派なコンセプトのイノベーションでしょう。

土合　技術にこだわらず、視点を変えることによってもイノベーションを起こすことができる、ということですね。

足立　イノベーションと言われるものが、すごく定義が広くて、いろいろな意味合いでのイノベーションがあります。言い換えると、どんな仕事でもイノベーションができるということです。この本は、マーケティングでイノベーションを起こしましょうと、繰り返し呼びかけているつもりなんですね。

＊ William J.Abernathy & Kim B.Clark, Innovation: Mapping the winds of creative destruction(1985, Research Policy)

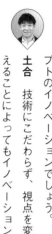

Chapter 6

TOPICALIZATION

第6章

話題化

消費者が不満を持つことがなくなった時代においては、ディマンド・クリエーション（需要創出）がとても重要です。どんなにいい製品やサービスを開発しても、それが話題にならず、まったく売れないというパターンは星の数ほどあります。製品・サービスに関する「すべて」が話題化の要素になりえるのです。

話題化によるディマンド・クリエーション

「話題にならないとモノが売れない」ことは、マーケティング担当者なら誰でもわかっていることでしょう。今日の日本を含む先進国ではモノが余りに余っています。消費者は、あまり不満を感じていないので、新製品や新サービスが出ても皆がそれに群がって買う、というような現象はなかなか起きません。

つまり極論になりますが、今この瞬間、消費者みんながほしがるモノというのは、ｉＰｈｏｎｅなどの稀有な例外を除いて、ほとんど存在しないのです。

なので、**「ディマンド・クリエーション」（需要創出）がとても重要**になります。新しい市場を作る、または新しい需要を掘り起こして製品やサービスを売るという手法ですが、それがまさに、話題にならないと売れない時代におけるマーケティングの大きなテーマなのです。

どんなにいい製品やサービスを開発しても、それが話題にならず、まったく売れないというパターンは星の数ほどあります。通常、多くの企業ではまず製品やサービスを作ってから、その後、最後の最後に、どうやって売るか、たとえばソーシャルメディアでの話題化施策などを考えるのが、普通でしょう。

でも実は、**「こんな話題になれば、売れるかも」という、話題化のアイデアが製品・サービス自体にないと、なかなか話題化しない**のです。製品の特長や便益、コンセプト、ネーミング、パッケージといったすべてが話題化の要素です。全体を見渡して「なにをどうしたら話題化できるのか」を、まず考える。それがモノ余りのこの時代に不可欠なディマンド・クリエーションです。

たとえば、マクドナルドも以前は製品を作ってから、それをどう売るかを考えていました。第5章でも触れましたが、近年はその順番を変えて、「どの時期の、どのプロモーションで、どんな話題がほしいか」を先に考え、そのアイデアにあわせて商品開発をするという順番に変えてから、話題化に成功しています。

? モノが売れる話題化とは

話題化してても売れないモノやサービスもたくさんあります。それは多くの場合、話題自体が製品やサービスの特長や便益と乖離《かいり》している場合です。エリマキトカゲが日本中で話題になったCMが何の広告だったか覚えていますか？（正解は三菱自動車のミラージュ）。

つまり、その**モノやサービスの特長やそれが提供する便益など、市場の創造や需要の掘り起こしに結び付く話題でなければ、話題化する意味はまったくない**わけです。

なので、話題化については、「話題化する・しない」「売れる・売れない」という四象限で考えなければいけないわけです。【図4】を見てください。

当然ながら、目指すのは右上です。「話題化して売れる」ところ。「話題化しないでも売れる」という左上のパターンもまれにありますが、それは本当に製品やサービスが尖っていたり、特長がすごくユニークで競合がないというようなケースです。

　話題化して売れないパターンが右下で、製品・サービスの特長や便益とまったく結び付かない、単なる話題化になります。

　何でもいいから話題になればいいのであれば、話は簡単なのです。そうではなくて、話題化を考えるときには、製品・サービスの特長や便益、またはそれが必要になる状況、使った後の気持ちなどを、どうやって話題にするかということに、まず知恵を絞りましょう。

　先ほど、その製品やサービスに関する「すべて」が話題化の要素と言いました。話題化できるネタは、製品やサービスの特長や便益はもちろん、コンセプトやネーミ

図4　日本におけるあるスマホアプリのユーザーセグメント

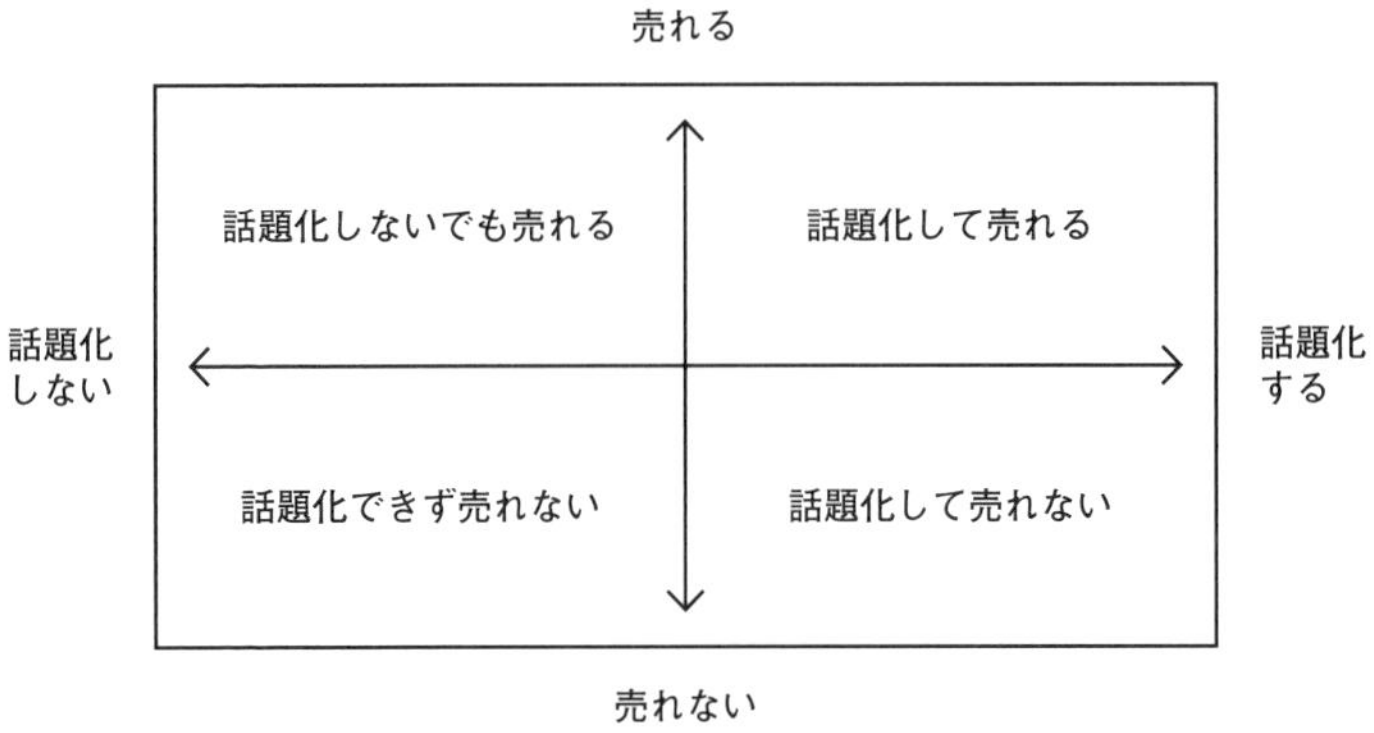

ング、パッケージ、どんな値段をつけるかという価格、どんなところに置く・置かないという流通、開発のプロセスなども話題のネタになります。提携やタイアップもそうです。どんなところと組むかで話題になることもあります。会社にいる人や会社の歴史なども話題化のネタになります。

たとえば、イモトのＷｉＦｉのＣＭは、大物の五木ひろしさんなどが「イモトのワイファイ」と連呼する演歌を歌い、お笑いのイモトアヤコさんが出演する楽しいＣＭですが、オチは西村誠司社長、本人の登場でした。「イモトのＷｉＦｉ、でも、社長の名前は西村さん」と。

イモトのＷｉＦｉは、そのサービスの特長や便益には競合と比べてあまり新しいところがありません。なので、社長を出そうというのが、あのＣＭのコンセプトだと推測します。それがウケて、「こんな人が社長なんだ」とソーシャルメディアで話題化し、このようなサービスの中では圧倒的に高い認知を獲得できたわけです。製品の特長や便益とはまったく関係ない話題化ですが、知名度（と安心感）が勝負のビジネスなので、この手法でビジネスを伸ばすことができたわけです。話題化のネタはいくらでもあります。マーケティング担当者は、自分が担当する製品やサービスにかかわる全体を常に見渡して「有益な話題化」を考えるようにしましょう。

インフルエンサー起用は慎重に

ユーチューブやツイッター、インスタグラムなどを広告メディアとして利用する場合、テレビなどのマスメディアと同じように「リーチ」を広げる目的で、チャンネル登録数やフォロワー数の多いユーチューバーやインフルエンサーを単純に選びがちですが、それはまったくの間違いです。

みなさんがそのようなメディアでフォローしている人が、自分自身の行動に大きく影響しているのかどうかを考えたら、合点がいくと思います。「とりあえず有名人だから、フォローしておこうか」というフォロワーが、実は大勢いるわけです。

たとえば近年、タレントの渡辺直美さんがインフルエンサーとしてもてはやされています。ただ、インスタのフォロワーが890万人といっても、当然ながら、その数は実際にインフルエンスされている（影響を受けている）人の数とは違うわけです。こういう有名人のフォロワーの多くは、一応チェックはしているけれども、実際の購買行動には影響されていない場合が多い、というのが現実です。つまり、**フォロワーの数とインフルエンスの効果とは必ずしも相関していない**のです。

またフォロワーの数も、アメリカでは日本より圧倒的に大きいのですが、日本では渡辺直美さんクラスは例外として、結構なインフルエンサーと言われる人でも数万、多くて数十万という単位のフォロワー数でしかありません。

いわゆるインフルエンサーを使えば、同様な嗜好の消費者に響きやすいメッセージを届けることはできるかもしれませんが、売り上げを上げるという目的から逆算した必要なリーチ数としては、圧倒的に足りないことが多いのが現実です。**ある特定のターゲットしか狙っていない製品やサービスではない限り、キャンペーンの認知獲得をインフルエンサーに頼ることはできない**のです。

最近は、大きな会社の経営層からもいきなり「インフルエンサー、うちも使おうよ」といった指示が出てくるようになりました。ただ、そんな指示が出てくること自体、そもそも間違っているのです。インフルエンサーもユーチューバーもメディアのひとつであって、「誰に言ってもらうか」という選択肢のひとつでしかありません。

その前に、まず問うべきは「どのくらいの数の、どのようなターゲットに対して、どのような内容を伝えて、どんな話題を起こしたいか」というキャンペーンの目的です。その上で、「誰がどこでどういう発信をしたら、どれくらいリーチするのか」といったことを決めていくわけです。インフルエンサーやソーシャルメディアは数あるメディアのオプションのひとつでしかありません。

つまり、どうやってインフルエンサーを活用しようかと考える前に、まず「本当にインフルエンサーが必要なのか」ということも含めて、メディア全体を見渡して投資対効果を考えなければいけないのです。

たとえば、もし10万人にリーチすればいいなら、インフルエンサーだけでも効果を上げられるかもしれません。でも**100万人、200万人にリーチしたいとなったら、最初からインフルエンサーというのは選択肢に入らない**わけです。

インフルエンサーを使うか使わないかは、基本的にはマーケティングの最後の最後に考えることです。その意味で、いきなり「インフルエンサーを使おう」という指示が出ること自体が、間違っているのです。

インフルエンサー・マーケティングの功罪

「インフルエンサー・マーケティング」は、まったく新しい手法ではありません。たとえば書籍でいうと、かつて一番のインフルエンサーは新聞でした。書評欄に載った本はよく売れたわけです。また、虎屋の羊羹《ようかん》のインフルエンサーは皇室です。「皇室御用達」という圧倒的な信頼を謳《うた》えるからです。

「会社」がインフルエンサーという例もあります。世界4位のドイツのソフトウェア会社SAP*は、自分のシステムのユーザーである世界的な企業を前面に出し、「この会社もあの会社も、SAPのソフトウェアによって動いていますよ」と宣伝したわけです。この場合、ユーザーである大企業がインフルエンサー（というかエンドーサー、品質を保証する役割）と言えるでしょう。

このように、多くの人が信用している第三者に「この製品はいいよ」「私も使っています」などと言ってもらう、いわばインフルエンサー・マーケティングは、大昔から存在しています。ただ、今現在の違いは、インフルエンサーが超有名人や企業だけではなくて、一般の個人に広がってきたということなのです。

オンラインメディアで有名なインフルエンサーに何かを言ってもらうというのは、費用さえ払えばできてしまいます（広告です、と表示しなくてはなりませんが）。その際に検討すべきは、数値的な効果と、将来性です。

先に述べたように、マスメディアと比べると、有名なインフルエンサーでもすごくリーチが狭いので、製品やサービスの信頼性を上げることや、ある程度の話題化は期待できるかもしれませんが、それだけでは全国的な売り上げへの貢献は限定的です。

効果があるケースもあるのですが、なかなか再現性がありません。つまり、「たまたまこれは売れた」というだけで、まだ「ビジネスモデル」としては成立していないのです。やはり現時点では**個人のオンライン・メディアの影響というのは限定的、または非連続的**です。なので、インフルエンサーだけに頼ったコミュニケーションは避けるべきです。

インフルエンサーの利用をおすすめしない理由がもうひとつあります。インフルエンサーに対価を払って何かを言ってもらうことが、どんどん規制されていく方向にあるからです。

実際、「やらせ広告」などと批判される「ステルス・マーケティング」（消費者に宣伝と気づかれないように宣伝行為をすること。業者が身分を隠して発信する「なりすまし型」や業者からの報酬を隠して発信する「利益提供秘匿型」などがある）は、欧米では法律等で禁止されています。日本でも2011年に消費者庁が、ネット上の「口コミ」を事業者が利用する際のガイドライン（「インターネット消費者取引に係る広告表示に関する景品表示法上の問題点及び留意事項」）を公表しています。また2015年には、広告業界の自主規制（「インターネット広告掲載基準ガイドライン」）も強化されました。

＊　ERP（Enterprise Resources Planning）など大企業向けの業務支援アプリケーションで有名。

インフルエンサーに頼れば頼るほど、マーケティングとしては先細りになる可能性が高いのです。比較的低い投資でできるインフルエンサー・マーケティングですが、そこに頼ってしまうのは、実は中期的にはハイリスクなのです。

ユーチューバーやインフルエンサーは、あくまでもマーケティングのサポート役です。話題化するための切り口のひとつとして考えたほうがいいと思います。

? 話題化に使うべきメディアとは

そもそも話題化の大前提は「自分で言わない」ことです。自分ではない誰かが、自分の製品・サービスについてあれこれ発信してくれて、初めて話題になるわけです。それが話題化というものです。

マスメディアに話題にしてもらうか、ソーシャルメディアでユーザーに話題にしてもらうか。話題化とは、要するにこの2つの合わせ技です。どちらで取り上げられたら話題化なのかということはありません。**今日では、マスメディアで話題にならないものはソーシャルメディアでも話題にならないし、逆もまた同じ**です。

一方的にメッセージを伝える広告は、話題のネタは提供できるかもしれませんが、人から人へ話が拡散するという「流れ」が構造的にないため、広告だけでは話題化しにくいということはご理解いただけると思います。

つまり、たくさんの自分（自社）以外の人が、自分の製品やサービスについて話している状態を話題化と定義するなら、マスメディアで取り上げられている、ソーシャルメディアでバズっているというのが、目に見える「話題化」の現象なのです。

ソーシャルメディアはすべて同じだと理解している方もいるかもしれませんが、数あるソーシャルメディアの中で、実は構造的に話題化できるのはツイッターしかありません。他のソーシャルメディア、たとえばフェイスブックやインスタグラム、LINEもコミュニケーションツールですが、ほとんどの方は「いいね！」はするかもしれませんが、読んだ記事や意見を「シェア（共有）」することはごくまれです。つまり、それらのソーシャルメディアでは話題の拡散（話題化）は難しいのです。読んだツイートをリツイート（RT）するのが普通の行動パターンであるツイッターだけは、ある話題がリツイートされて拡散していくわけです。そもそも拡散という言葉自体、ツイッターにしかないでしょう。

将来的には別のメディアが出てくるかもしれませんが、**今現在、話題化したかったらツイッターというのが唯一の選択肢**です。

ただし、繰り返しになりますが、話題化できるネタが製品・サービスやコンセプトなどの中に最初から組み込まれていなければ、製品やサービスに関係が薄い、売り上げにつながらない話題だけが拡散してしまいがちです。また、「どんなことを話題にしたいか」を考えるのが先で、どんなメディアを使うかとかは最後の最後です。その「順番」を間違えないようにしましょう。

ツイッターでの話題化

ツイッターで話題化するためには、ツイッターを広告メディアのように、何かを一方的に伝えるために使うのではなく、ツイートを読んだユーザーが思わずリツイートしたくなるようなコンテンツや仕掛けを考えることが重要です。

ツイッターで拡散しやすい一番のポイントは「モーメント」（瞬間）です。モーメントとは、今この瞬間、動いている社会のトレンドのことです。その瞬間に世の中で注目されていることに合わせた話題を出してあげるのが、ツイッターにはすごく効果的です。

たとえば、先にも紹介しましたが、サントリーは年号が平成から令和に変わる瞬間に、「新しい時代に乾杯」「令和最初の乾杯」というキャンペーンをツイッターで行い、大きな拡散・話題化に成功しました（P144参照）。まさにモーメントをとらえたキャンペーンです。

また、話題化したいのであれば、自分のキャンペーンをまず代理店ではなく、ツイッターに相談して、どこでどのような話題にしたいから、どのようなクリエイティブが必要かということをある程度決めた上で、それを広告代理店に制作依頼をする、というような方法もあります。

実際、あるアプリのリリース時のキャンペーンを検討する際、「この時期、こういう話題を作りたいから」と、まずツイッターに相談して企画を作り、それから必要な素材を広告代理店に依頼して展開することで、日本でのツイッター歴代トップ3に入るようなエンゲージメント率（リプライ、いいね、リツイート、リンクのクリックなどの割合）のツイートを実現した事例もあります。

いまだに多くの企業では、ツイッターが単なる広告メディアまたはソーシャルメディアのひとつでしかないと考えていて、キャンペーンの企画の最後の最後にツイッターを検討するという順番が多いのですが、それではツイッターの潜在力を十分に使うことができないため、思うように話題化できないと思います。

話題は「IMPAKT」で

実は、昔から人が話題にしたくなるポイントは、まったく変わっていません。たとえば、「新しい」や「唯一」「限定」など。「対立構造」もそうです。「どっちがいい？ 私はこっちがいいと思う」「私はあっちがいいと思う」などと議論できる対立構造があると話題になりやすいのは、遠い昔から変わりません。時代が変わろうが、メディアが変わろうが、人々が話題化するポイントは、基本的には変わらないのです。

それをうまくまとめているのが【図5】の電通グループの「PR IMPAKT®」（ピーアールインパクト）です。別表にし

図5　PR IMPAKT®（メディアが報道したくなる6つの視点）

PR IMPAKT®		
	Inverse	逆説、対立構造
	Most	最上級、初、独自
	Public	社会性、地域性
	Actor/Actress	役者、人情
	Keyword	キーワード、数字
	Trend	時流、世相、季節性

たのでぜひ参考にしてください。

これは「メディアが報道したくなる6つの視点」としてまとめられたものですが、当然ながら、ソーシャルメディアにも通じる原則といえます。マクドナルドで話題化のポイントを延々と検証したのですが、そうやって苦しんで導き出したポイントは、この「PRIMPAKT®」にほぼ網羅されていました。

話題になりそうなポイントを、担当する製品やサービスの特長や便益、コミュニケーションにいかに組み込んで行くかというのが、マーケティング担当者の腕の見せどころです。

「賭け」で大きな話題化を狙う

広告もPRもツイッターでの話題化も、バラバラではなく、すべてを全体感を持って考えていくことがとても大切です。

たとえばLINEは、期間限定のお年玉CMのナレーションに、不倫相手とのやり取りのLINEが流出してたたかれまくったベッキーを、わざわざ起用したことがあります。これは当時、彼女のCM復帰第一弾ということで、PRでも多くのマスメディアに取り上げられましたし、ツイッターでも拡散して大きな話題になりました。もちろん、ＬＩＮＥの狙いどおりだったわけです。

ＬＩＮＥとしては、「あの（不倫した）ベッキーを広告に使うのか」という炎上のリスクを承知の上で、尖っている「ＬＩＮＥで消えたベッキーがＬＩＮＥで復活」という企画をしたのでしょう。

こうした「賭け」ができない会社も少なくありません。しかし、この章の冒頭でも述べたように、話題化には常に炎上のリスクがともないます。なにしろ、他の人が何をどう言うかはコントロールできないし、大きな話題になればなるほど、意見の違う多くの方の目に留まるようになるからです。もちろん、話題になりそうなギリギリのところを狙えば狙うほど、炎上のリスクは高まります。なので、そのリスクを覚悟しないと、大きな話題化を狙うことはできません。

ＬＩＮＥの例でいえば、若者を中心にしたＬＩＮＥやツイッターのユーザーにとって、ベッキーはマイナスではなく、むしろプラスだという計算があったはずです。そして、テレビや新聞で「早いんじゃないか」といったネガティブな論調が出てくることも計算していたでしょう。それを総合的に判断した結果が、「落としどころ」としてベッキーのナレーションでの起用となったのではないでしょうか。

広告・PR・ソーシャルメディアは一緒に設計する

ほとんどの企業がまずマスやデジタルでの広告を考えて、時間と資金があったらソーシャルメディア、最後にPRを考えるという順番でしょう。ただ、話題化しなくては売れない今日においては、まずはソーシャルメディアとPRでどのように話題化するかを考え、足りない認知を補足するために最後に広告を考えるというほうが、効率的かつ効果的だと思います。もちろん、広告のメディア自体は先に押さえておいても構いませんが、その**内容は常にソーシャルメディアやPRと一緒に考えるべき**です。

ある程度みんなが知っているものでなければ、話題のネタにはなりません。また、誰もまったく知らないものは、初めから誰も興味を持たないので、ぜんぜん話題が広がらないわけです。なので、みんなが何となく知っている、拡散したら誰かが反応してくれそう、という状態を作ることが不可欠です。それをソーシャルネットワークだけで継続的に成功させるのは、非常に難しいのが現実です。実際、大きな話題になるものの多くは、同時に大きなPRや広告の露出があるものがほとんどです。

要するに、話題化をしようと思ったら、ソーシャルネットワークだけに頼ることなく、同時に広告やPRを打って「なんとなく知っている」状態を作ることが必須なわけです。オウンド（自社でコントロールできるメディア、たとえばパッケージや店頭や自社サイトなど）、アーンド（ソーシャルメディアやPRなど、自分でコントロールできないメディア）、ペイド（費用を払えば確実に獲得できる広告などのメディア）という**「トリプルメディア」をいっぺんに企画したほうがいい**ということです。なかでも、広告よりも投資額の少ないPRとソーシャルメディアは、優先的に考えたほうがいいでしょう。

Chapter 6

絶対原則

話題化のトピックは、
製品やサービスの便益や特長と、必ず結び付ける

製品・サービスにかかわる「すべて」を、
話題化の要素として考える

インフルエンサーに
頼ったコミュニケーションは避ける

話題化するためには
ツイッターが不可欠

話題化のポイントはIMPAKT

広告・PR・ソーシャルメディア、
オウンド・アーンド・ペイドメディアは、
一貫性をもって企画する

INTERVIEW 2

ツイッターを使った成功するマーケティングとは？

元Twitter Japan
広告事業本部長

味澤将宏×足立 光

世界中で起きている出来事と、それにまつわる会話がリアルタイムに繰り広げられる場所、ツイッター。企業のマーケティング担当としてツイッターをどのように活用するかは大きな命題となっています。意外と知られていないツイッターマーケティングについて、うかがいました。

Masahiro Ajisawa

PROFILE

元Twitter Japan（株）上級執行役員 広告事業本部長兼 日本・東アジア事業開発本部長。2012年4月、Twitter Japanにセールスディレクターとして入社。広告ビジネスを統括。2015年4月より日本・東アジア地域事業開発担当本部長。2016年11月より広告事業担当本部長と日本・東アジア地域事業開発担当本部長を兼任。Twitter Japanに入社以前は、マイクロソフトのPC及びモバイルディスプレイ広告ビジネスを統括。

足立　今では、ほとんどの企業がツイッターでのコミュニケーション活動をやっている、あるいは、やったことがあるという状態でしょう。ただその中で、話題作りに成功した企業もあれば、失敗した企業もあります。その違いは何なのでしょうか。どうやったらツイッターを、もっとうまく話題化に活用できるのでしょうか。

味澤　うまくいかない会社の多くは、ツイッターを単に広告メディアのひとつとしか考えていない場合が多いと思います。ツイッターが持っているせっかくのポテンシャルを活用しきれていないと感じます。

足立　ツイッターは、話題作りの場ですよね。それを企業は広告の一部、一方的なコミュニケーションとしかとらえていない。そこが一番の勘違いじゃないかと思うのですが。

味澤　ツイッターというプラットフォーマーがマーケターに提供できる、最も大きな要素は「会話」、つまり「話題化」です。それは同じソーシャルメディアでも、フェイスブックやインスタグラムの「ルック・アット・ミー」（自分を見て）というユーザーの態度とは違って、ツイッターのユーザーはもっと積極的に情報を取りにきています。ブランドからのツイートであっても、いいものであればみんなに広めたい、それについて会話をしたいというのがユーザーの態度としてあるわけです。そうしたツイッターユーザーの特長をちゃんと理解して、会話を作っていく、会話に参加していくということができている企業は、ツイッターをうまく活用していると思います。

足立　今の時代、どんな製品・サービスも話題にならないと売れません。

味澤　企業からの一方的なマスコミュニケー

ションが効きにくくなってきていて、そのかわり、周りの人の意見とか、世の中で話題になっているものに対して、消費が動くようになってきました。なので最近の傾向として、テレビなどのマス広告に偏重していた企業が、ツイッターとテレビの組み合わせを行うようになってきています。

足立　その中でも上手、下手というのがあるでしょうね。

味澤　ツイッターをうまく活用できる企業というのは、一方的に何かを押しつけようとしないで、ユーザーインサイトを理解した上で、「話題にしてもらえそうなネタを、ツイッターの中に置いておく」ということができます。ブランドに関連するインサイト、あるいは世の中で起きていることに対するインサイトを理解していて、会話をつくっていったりその会話に入っていったりしていると思います。

日本のTwitter月間アクティブユーザー数
4,500万+
Source — Twitter Internal, 2019年2月

日本における月間アクティブユーザー数は4500万以上（2019年2月）。日本は世界2位のマーケットで、ツイッター社のグローバル収益の17%を占める。

足立　インサイトを理解して会話を作っていくためのポイントがいくつかありますよね。たとえば、味澤さんは「モーメントをとらえる」とよく話されています。

味澤　世の中で話題になることは、ツイッタ

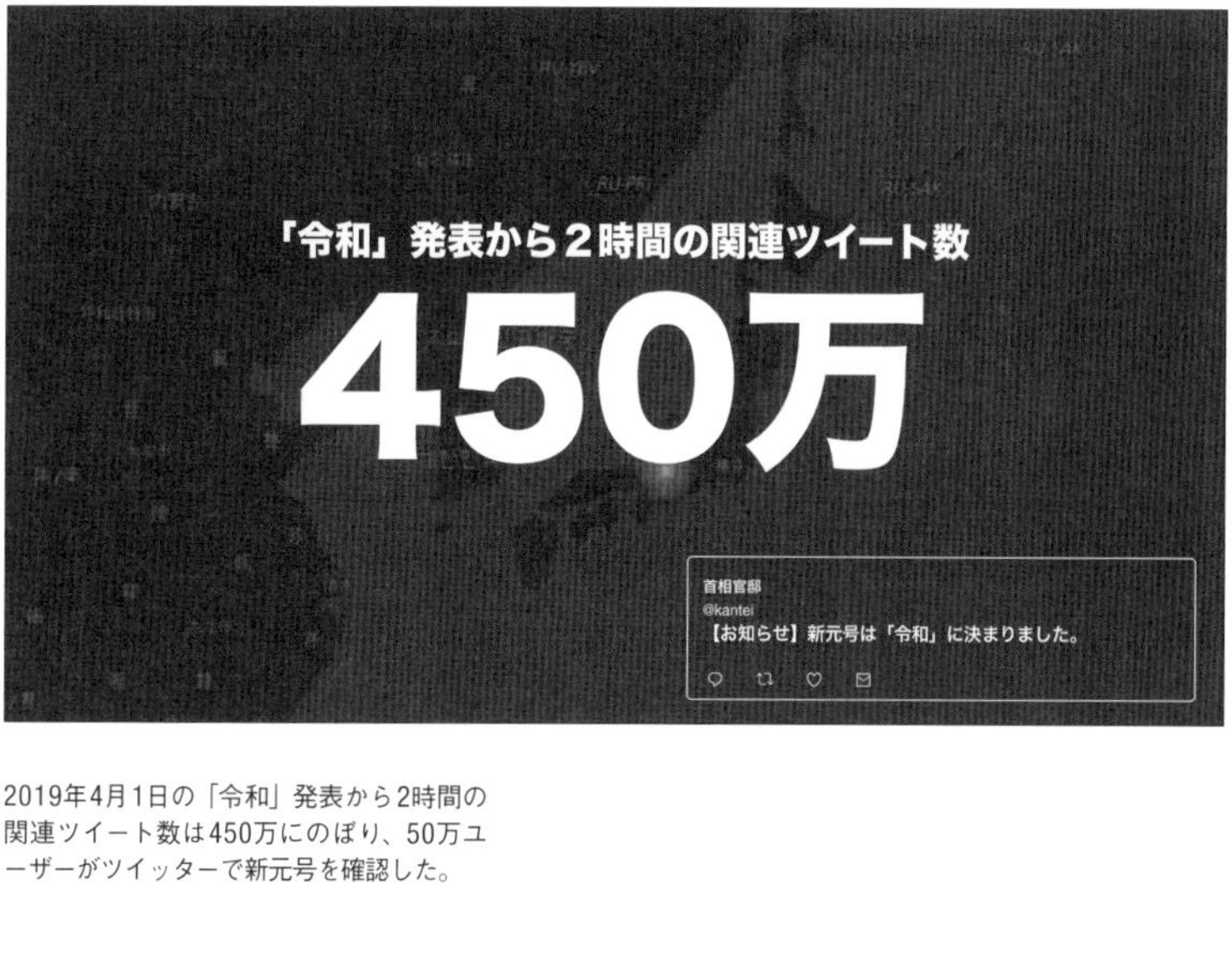
「令和」発表から２時間の関連ツイート数
450万
首相官邸
@kantei
【お知らせ】新元号は「令和」に決まりました。

2019年4月1日の「令和」発表から2時間の関連ツイート数は450万にのぼり、50万ユーザーがツイッターで新元号を確認した。

ー上でも必ず話題になります。そのモーメントを理解してうまく活用することがやはり大事でしょう。たとえば、「令和」は発表されてから実際に改元されるまで1カ月あったわけです。実は、1カ月というのは会話が醸成される期間として非常に適しています。そして最も世の中の関心が高まった元号が令和に替わるタイミング、つまりモーメントをうまくとらえて、ツイッターの「トレンド」や「ファーストビュー」を活用して会話をつくったのがサントリーのザ・プレミアムモルツの「乾杯」キャンペーンです。マスメディアでは平成を振り返るといった、いわば後ろ向きの話題がほとんどでした。その中にあって、特別な日を特別なビールでお祝いしようと、非常に前向きな会話のタネを提供したわけです。1分40秒ほどの「未来」をテーマにしたツイッターでは珍しい長尺の動画も公開しま

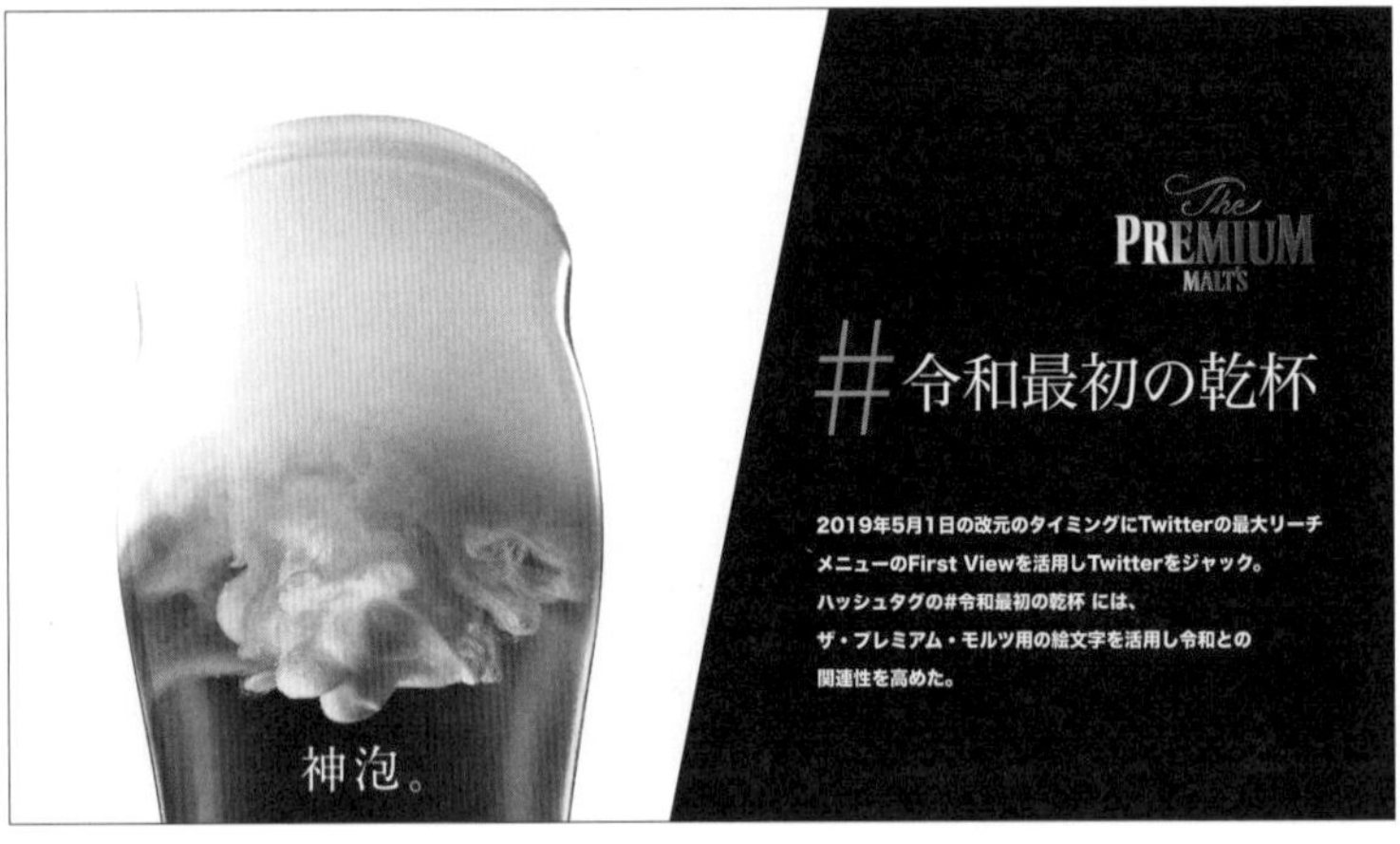

サントリーによる令和モーメントの取り組み。2019年5月1日の改元のタイミングにツイッターの最大リーチメニューであるFirst Viewを活用し、圧倒的な露出と動画視聴により、ツイッターをジャックした。

した。キャンペーンのハッシュタグのついたツイートの数が通常の何倍も多かったし、動画のビュー数もコンプリーションレート（視聴完了率）も非常に高かったわけです。

足立　普通、ツイッターの動画は3秒から6秒ですよね。それなのに、最後まで見る人が多かったというのは驚きです。いつぐらいから味澤さんのところに相談があったんですか。

味澤　半年くらい前です。元号が変わるなんて一生に一度というようなモーメントですし、ポジティブな状況で改元するというのも、明治以降で初めてです。そういう「お祝いをする」というモーメントとプレミアムモルツの相性のよさに担当者が気づいたわけです。それで一緒に企画しました。

足立　前からわかっている大きなモーメントというのがあれば、それに対してはちゃんと前々から準備しておきましょう、ということ

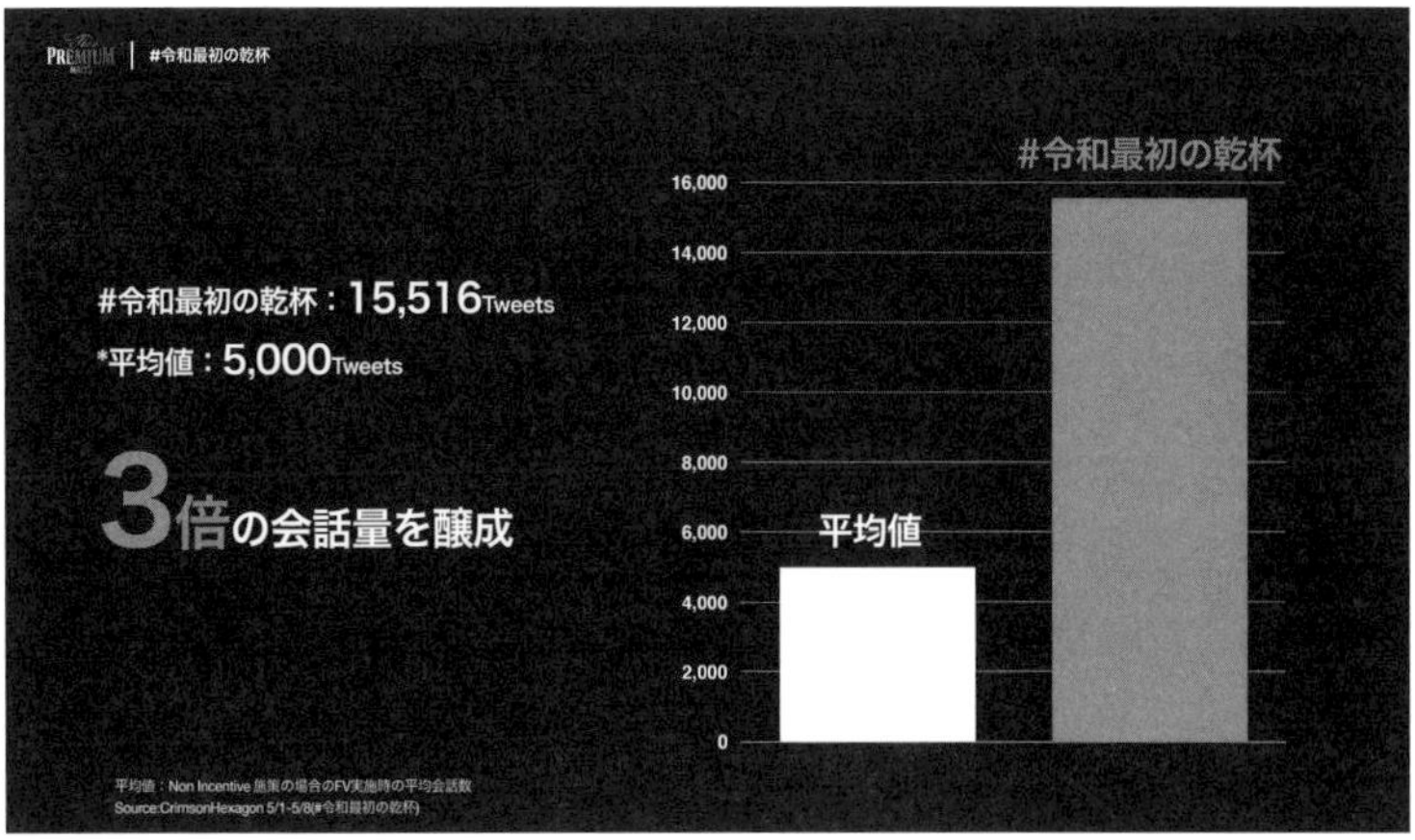

1日で8000万の#令和最初の乾杯の露出、1日で1400万の大量のツイート露出、1日で450万を超える大量の動画視聴。3倍の会話量を醸成した。

ですね。

味澤　デイリーのモーメントもあるでしょう。夕方になると、のどが渇いたと感じるとか、日が変わる、たとえばハッピーバースデーとか。企業側が作るモーメントもあると思います。ただ、改元のような大きなモーメントはやはりインパクトが大きいわけです。

足立　あと「話題化を促進する」ようなキャンペーンにすることが大切とも、よくお話しされてますね。ツイッターのコンテンツだけじゃなくて、キャンペーン全体が話題化できる仕組みになっている、という意味だと思いますが。

味澤　みんなが会話したくなる「ネタを置いておく」というのは、まさに全体の設計にかかわることですよね。マクドナルド時代に足立さんが実施した「これはビッグマックなのか？」のキャンペーンもそうでしょう。ただ、

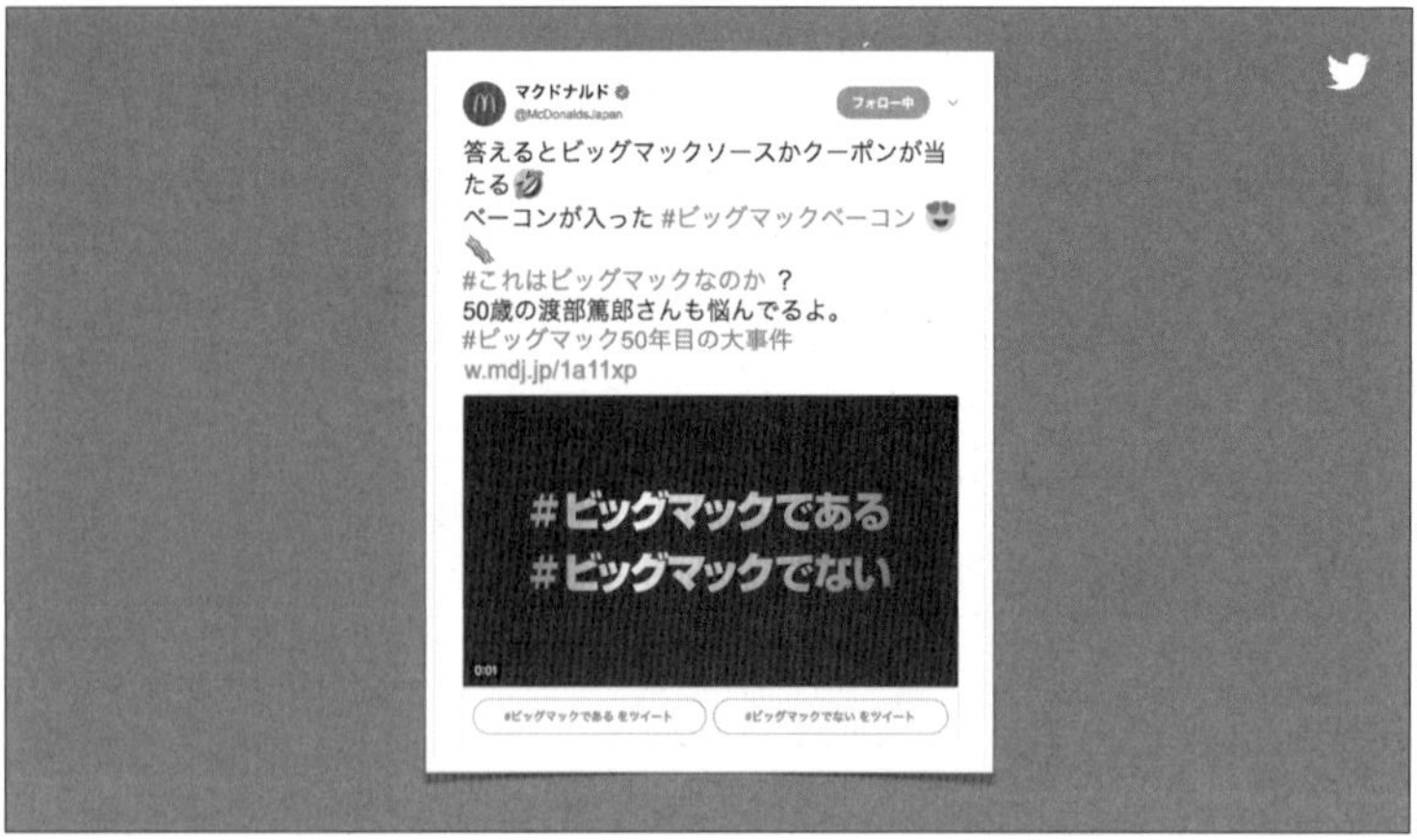

誰もが知っているビッグマックを使って、ユーザーを巻き込む仕掛けにしたマクドナルドのツイート。

やはり製品やサービスに関連するところで話題になるということが重要だと思います。

足立　マクドナルドでは、こういう話題にしたいから、こういう新商品を作ろうという順番で考えていました。普通は逆で、この製品やサービスを、どうやって話題化しようかと考えるわけです。それでは、なかなか話題化できないんですね。「これはビッグマックなのか？」のキャンペーンでは、誰もが知っている「ビッグマック」にベーコンを加えたら、それでも「ビッグマック」と呼べるのか、という「対立」をつくって、ツイッター上でみんなが「自分はビッグマックだと思う」「いや違う」と「対立」して会話になるようなネタを提供したわけです。

味澤　アメリカのツイッターで、2018年にハインツが「マヨチャップ」というマヨネーズとケチャップを混ぜた新商品を出す際に、

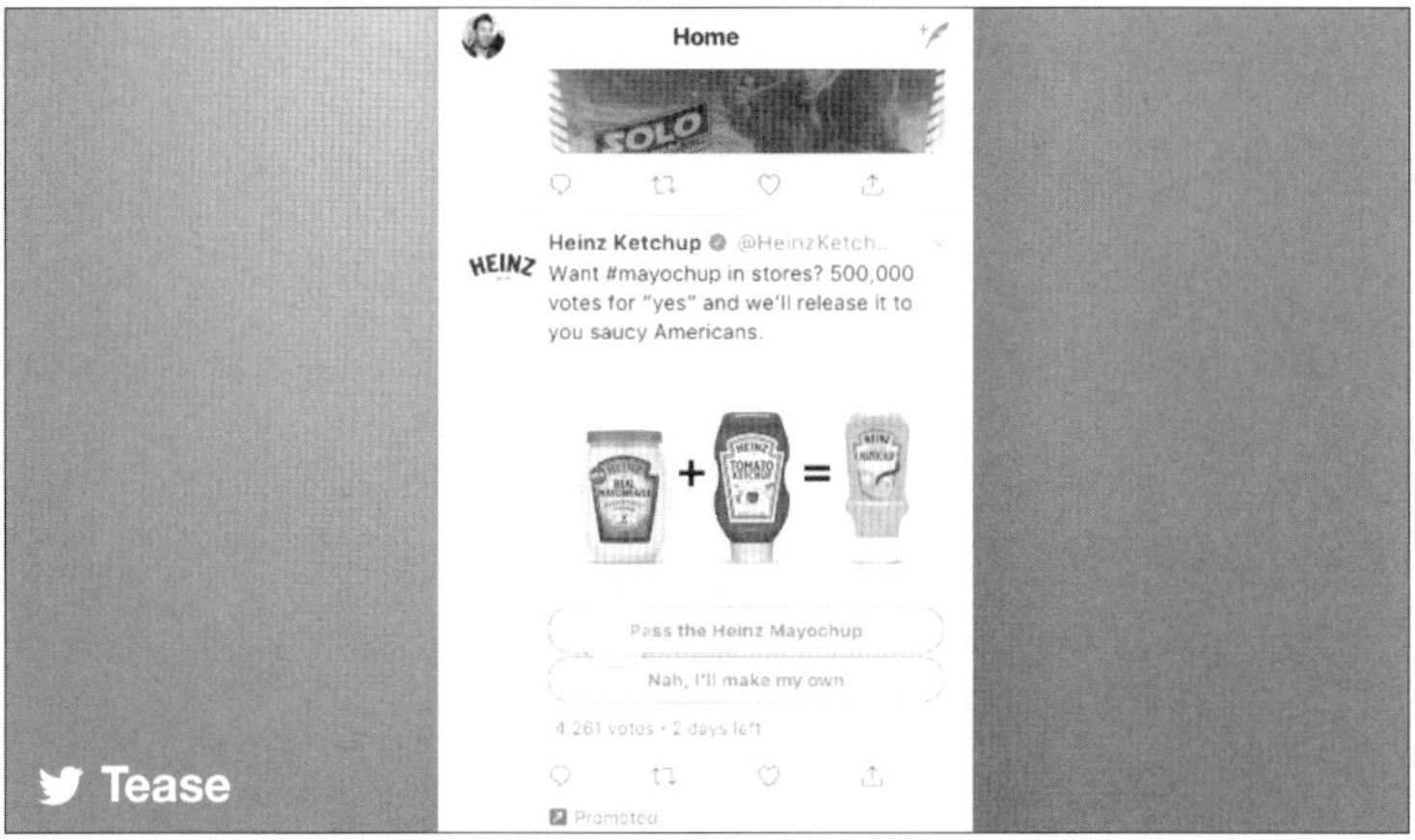

アメリカでは誰もが知っているケチャップであるハインツが仕掛けたツイート。

ツイッターで「マヨネーズとケチャップを混ぜた商品が出たら買う？」と問いかけて、「買うという人が50万人いれば、製品化します」と発表したわけです。このキャンペーン自体が非常に話題になって、テレビにも取り上げられました。実は、キャンペーンの大きな目的は、「ハインツ」と「マヨネーズ」を結びつけることでした。ハインツはケチャップでは世界的に有名ですが、マヨネーズはほとんど知られていません。その意味でも大きな成果を上げました。マヨネーズかケチャップか、混ぜるか混ぜないか、というのはアメリカにある古典的な「対立」のネタですが、それをうまく活用したわけです。

足立　私がマクドナルド時代に実施した、マクドナルドの略称は「マックかマクドか」というキャンペーンもそうでしたが、実は昔からよく知られている対立構造のネタのほうが話題になりやすいんですよね。

味澤　ツイッターを最も活用しやすいのは、やはり新製品や新サービスを発売する時でしょう。発売前にきっちり話題を作って、発売時の話題を最大化して、その製品やサービスを体験したことが再度話題になるという、ツイッター上に3つの話題の山ができるのが理想だと思います。まず話題化されて、それを試す人が次々と出てきて、その体験談によってさらに波及していくという構造です。

足立　同じソーシャルメディアでも、ツイッターはフェイスブックやインスタグラムとは本質的に違うということを理解しなければいけないと、先ほどおっしゃいました。

味澤　そもそもプラットフォームが違うんですね。ツイッター以外のソーシャルメディアは、何かを伝えることはできますが、話題がどんどん拡散していく構造ではありません。

すべてのソーシャルメディアで同じようなクリエイティブ素材を使う企業もありますが、それは理想的ではありません。たとえばインスタグラムなら、画像などをきれいに見せるのが目的で、ハッシュタグも文章的につけます。それに対して、ツイッターのハッシュタグは共有化されたシンプルなもので、もともと会話しやすいように話題を提供するのが目的です。基本的にツイッターはリアルタイムで何が起きているのかを見にくるところだし、みんながリアルタイムに投稿していくプラットホームです。なので、ソーシャルメディアをひとくくりに考えて企画していたら、もったいないと思います。

足立　それぞれのソーシャルメディアの違いをまず理解して、企業側はそれぞれに合ったコミュニケーションをしましょうということですね。私は常々、話題化するためには、マ

Twitterをもっとうまく活用するために

1　Instagramと一緒に考えてない？
2　話題化を促進するようなキャンペーン設計になっている？
3　世の中の「モーメント」を捉えられている？

先進的な企業は、ツイッターを使ってブランディングにモーメントを活用している。

ーケティング施策を企画するまず最初に、ツイッターでどのような話題を作りたいかを考えることが最も効率的、かつ効果的だと提案しています。

味澤　プロモーション全体の設計の最初のところで、ツイッターにご相談いただければ、話題化のためのポイントや同様な他社事例などもご提供できます。また、最大に話題化するためのマス広告や他のソーシャルメディアの使い方などもご提案できます。すべてのマーケティング施策も、コンテンツも、メディアのタイミングや量などもすべて決まった、最後の最後でツイッターに声をかけていただく会社もありますが、それだと話題化のために最適な全体設計にするのは至難の業《わざ》です。

足立　マス広告がないと、実は、ほぼ大きく話題化することがありません。なのでソーシャルとマス両方、どういうタイミングで、どういうふうに組み合わせていくかということが、今日求められているマーケティング・コミュニケーションの設計ですね。

PART

2

Basic
Product
Strategy

基本的製品戦略

Chapter 7

PRICING

第7章

価格設定

製品・サービスを販売する上で、価格設定は常に問題になりますが、マーケティング担当者は、基本的に価格で勝負してはいけません。一時期のデル、ユニクロ、JINSなどのように価格破壊で成長できるのはごくごくまれなのです。現在では価格を上げることで新しい市場ができた例、売り切り型ではない新たな価格設定など選択肢は多様になっています。

? 価格で勝負することは可能か

価格はコンセプトのひとつです。つまり、「誰に対して、どんなモノを提供したいか」という戦略の中に、いくらで売るかという価格の設定も含まれます。なので、安ければいいというものではありません。今の時代、安い物は世の中にたくさんあります。一方で、高ければ高いほどお客様に魅力が増す市場というのもあるわけです。たとえば、弁護士やコンサルタント業界。そこでは価格が実績に基づく質の良し悪しを表しているケースが多く、高いほうにお客様が集中しがちです。一流のコンサルタントが高い価格でサービスを提供するのも、コンセプトのひとつと言えるでしょう。

マーケティング担当者は、基本的に価格で勝負してはいけません。**同じ物をいかに高く売るか、それを考えるのがマーケティング**なのです。高く売るためには、その製品やサービスに何らかの価値がなければいけません。たとえば、「ブランド」もそのひとつでしょう。価値があって高く売れる物やサービスは、一般的に収益性も高く、資金を再投資に回すことができます。つまり、高く売れれば売れるほど、再投資できる資金が増えていくので、どんどん競合との差が広がっていくわけです。

もちろん、価格を明確に比べられる競合がある場合には、その「相場観」に合わせなければいけません。いわゆるパリティ戦略*です。ただそれは、あくまでもそうしないと負けてしまうからであって、決して勝つための戦略ではありません。

価格で勝負できるのは、本当にいい物やサービスを、継続的に、かつ顧客が大きな違いを感じることができる価格で売り続けることができる仕組みがある時だけです。

たとえば、一時期のデル・コンピューターやユニクロ、ＪＩＮＳなどはたしかに「価格破壊」で勝ちました。どちらも製造や流通などのコストを格段に下げる独自のシス

＊　価格や量、質などを調整して、顧客の感じる価値を同等レベルに維持する戦略。

テムを構築して、業界の相場観を変えるほどの低価格を提供し、急成長したわけです。しかし、それらの例はあくまで例外に近く、最近は価格で勝ったケースはあまり見あたりません。革新的な仕組みを構築できない限り、価格破壊を狙うマーケティングは難しいのが現実です。

？「原価」から決めてはいけない

「価格を原価から決める」というやり方があります。多くの企業で普通に行われている価格の設定方法ですが、あまりおすすめできません。なぜなら、**原価に必要な利益率を足して決定した価格というのは、その製品の価値と関係がない**からです。

価格設定の正しいやり方は、その物やサービスが「いくらで売りたい」「いくらなら売れる」ということを先に決めて、その価格で売れるような原価になるように物やサービスを設計する、という順番です。

また、在庫が残ること、それを安売りしたり破棄したりすることを前提に価格を決めるやり方もあります。たとえば、アパレル業界では、原価はもちろん、最初からどのくらい売れ残るか、結果としてどのくらいセールに回していくら引きで売るかなどを計算して定価を決めています。大量に残った在庫を大きくディスカウントして売ることを想定しているので、当初の販売価格はセール時とは比較にならないくらい高い価格になってしまうこともあります。同じ物の価格が時期によって大きく変動するのは、当初の販売価格で買っていただいた最も大切なお客様に最も高い価格で販売することになるので、決して最適とは言えません。

いろいろなしがらみなどで、実現がなかなか難しいことは理解した上で、在庫が残らないように生産量を調整できれば、当初の販売価格はもっと安くなるので定価が競争力を増すでしょうし、定価とセール時の価格差も少なくてすみます。

? 価格を上げて、新しい市場を作る

世の中に価格が理由で売れているものはあるでしょうか？　消費者でもある皆さんが、自身の周りを見回してみてください。「圧倒的に安いからこれを買い続けています」と即答できるような物やサービスは、あまりないと思います。これこそが、価格での継続的な差別化があまり実現しない証拠です。逆に、価格を上げることで新しい市場ができた例はたくさんあります。

たとえば、シャンプーの価格について考えてみましょう。昔はドラッグストアなどで販売しているシャンプーの主流は、ポンプで500円とか700円とかのブランドで、9割ほどのシェアを占めていました。今はそれが半分近くまで減っています。一方で、ヘアサロンでは、小さなサイズが3000円近くするような高級シャンプーが販売されていて、その中間の市場はほぼ存在しませんでした。

近年、その代わりに何が増えたのかといえば、これまでの通常品と、ヘアサロンで販売している高級品の中間にあたるような、ポンプサイズでも2000～3000円近くするような、中価格帯のシャンプーです。

中価格帯のシャンプーの走りは薬用を謳う「スカルプD」でした。抜け毛に効くかもしれないなら2000円くらい払ってもいいかという、それまでになかった感覚が消費者に浸透しました。その後に登場した「ボタニスト」などの中高価格帯の製品の爆発的なヒットにより、消費者のシャンプーに対する「相場観（いくらなら適切な価格なのか）」が、すっかり変わりました。それまでは「存在しない」と考えられていた、新しい（高い）価格帯が誕生したわけです。

価格という意味で、近年最も劇的に値段が変わったのは水です。日本ではつい最近まで、水は無料が常識でした。誰もお金を出して買わないと言われていたのが、今ではミネラルウォーターの価格はジュースやガソリンよりも高いわけです。水道の蛇口をひねれば、ほぼ無料で水は手に入るのに、です。「水道の水」ではない「ミネラルウォーター」という情報に、価値が確立され、新しい市場ができたわけです。

要するに、**どうやったら新たな需要を作り、しかもより高い価格で売れるのかということを、既存の価格帯に縛られずに考えることが重要**なわけです。安売り競争では決して継続的な差別化はできません。

「単体」＋「サービス」で考える

製品やサービスには「売り切り」と「売り切りではない」パターンがあります。これまでは売ってしまえば「はい、終わり」という物やサービスが主流でしたが、近年、売り切り型ではない物やサービスが増えてきました。

わかりやすいのは、建築機械メーカーのコマツの例でしょう。以前は建設機械メーカーは、販売したら「はい、終わり」で、唯一のビジネスモデルは「たくさんの新車を売ること」でした。ところが、今、工事現場で使われているコマツのショベルカーやブルドーザーなどには、一台、一台にＩＣＴ*が入っています。そのおかげで、どこ

＊　Information and Communication Technologyの略。GPSや通信システムなどの情報通信技術。

にあるどの建築機械のエンジンがかかっている・かかっていない、稼働している・していないなどのデータが全部、リアルタイムに把握できるようになっています。

これにより、コマツは顧客である建築会社の車両管理を請け負うことが可能になっているのです。たとえば、ニューヨークの工事現場にあるショベルカーAはエンジンが4時間かかっていたけど、そのうち2時間しか動いていなかったというような無駄を、ユーザーである建築会社に対して瞬時に情報提供できるわけです。

以前のコマツの建築機械の価格は売り切り型のビジネスモデルを前提としていましたが、現在では販売後の車両管理という「サービス」まで含んだビジネスモデルを想定したものになっているのです。

このIoT*の時代、すべての物について、こうした「売り切りではないパターン」になる可能性があります。自動車のテスラなども、販売して終わりではなく、販売後もユーザーの使用履歴等を分析してソフトウェアをアップデートすることで、車内のスクリーンや音楽だけではなく、車の加速や車高、バッテリー効率など、従来ならハードウエアによってもたらされた改善を、継続的に提供しているという意味では、同じような「サービス」まで含んだモデルです。なので、従来のような製品単体の価格ではなくて、それを**使い続けることでの価値提供までも含めたビジネスモデル・価格**

というのを考えなければいけない時代になってきた、と言えるでしょう。

価格よりも「お得感」

消費者は価格を「高い」「安い」ではなく、「お得感」を重視して判断します。「高いからダメ、安いからいい」というほど単純ではなく、「高くてもお得だ、安くてもお得じゃない」と感じることが多々あります。値引きされていたとしても、お得感のあるものとないものがあったりします。また、製品やサービスの数や期間、場所、提供人数などに「限定」がつくだけで、お得感がガラリと変わることは、皆様も消費者として感じていると思います。

なので、**価格設定の目的は単に価格を決めることではなくて、「お得感を出すこと」**とも言えるでしょう。価格はその製品・サービスが持つ消費者にとっての価値（バリュー）によって設定されるべきなのです。

また価格設定は「一物一価」である必要はまったくありません。典型的なのは需要に応じた価格設定です。ホテルや飛行機の料金はハイシーズンには高くなり、ローシーズンには安くなります。早く予約すれば安くなる、ということも一般的です。

＊　Internet of Things。従来インターネットに接続されていなかった物がネットワークに接続されることで生まれる仕組みのこと。

また、小売店や場所によっても価格は変わります。今では、同じペットボトルのお茶を、隣同士のコンビニとドラッグストアとドン・キホーテで違う価格で販売していることが、すっかり普通になりました。同じレストランチェーンでも普通の店舗とたとえば空港の店舗では、同じ商品でも少し価格が違うこともあります。ネット上では、同じ製品やサービスが違う価格で販売されていることも今やすっかり当たり前になりました。以前に比べて価格設定は柔軟になっていると思います。

ITの進歩のおかげで、たとえば棚につけたICプライスタグをPOS[*1]と連動させることで、同じ店舗で同じ商品でも、周囲の競合状況や時間帯によって価格を変えるといった柔軟な価格設定が、さらに容易になりつつあります。その意味では、単純に需要と供給のバランスで全国一律に価格を設定するというのは、もう過去の施策なのかもしれません。顧客満足度を損ねることなく収益を最大化するためには、どんな業界かにかかわらず、このような柔軟な価格政策を検討する時代になっています。

価格弾力性

近年、価格弾力性[*2]がどんどん低くなってきています。もちろん業界によって差はありますが、たとえ同じ物やサービスであっても、少しくらいの価格差では、安くなると売れて、高くなると売れないということがあまり起きていないのです。

たとえば、ペットボトルのお茶は、つい最近までは全部150円で横並びでした。ところが今では、上は200円から下は100円まであって、どれもそれなりに売れています。シャンプーも、昔は中高価格帯といわれる一本2000円もするようなシャンプーのシェアは5％ほどでしたが、今や30％にもなっています。今や、**製品やサービスの売れ行きが価格の上下に左右されにくいという現象のほうが顕著**です。

もはや価格弾力性という考え方は、価格以外に差別化の要素が少ない製品やサービス（たとえばガソリンや、大きな特長のない焼き鳥チェーン）、加えて消費者が価格を知っている定番品（たとえば、マクドナルドのチキンマックナゲットや、ロングセラー商品）にしか当てはまらない、と考えたほうが正しいと思います。

多くの消費者は価格だけではなく、製品やサービスに付随したブランドやイメージといった情報を含めて、価値を判断しています。たとえば、サントリーの伊右衛門の「特茶」は200円近くします。他の「特保」のお茶と比べて決して安くありませんが、「体脂肪を減らすことができる」という情報と信頼で、ドラッグストアなどでもほとんど値引きが行われていませんが、売れているわけです。高くても、消費者は価値を

＊1　Point of sale system。販売時点情報管理システムのこと。
＊2　需要の変化率（％）÷価格の変化率（％）。この値が1より大きいとき「価格弾力性がある」と言う。

感じているわけです。

パリティ戦略で価格を競合と合わせなければいけない洗剤などの業界などを除いて、多くの製品で価格弾力性は低くなっているのです。競合よりも安ければいっぱい売れるという時代は、もはや終わっていると思います。

実はこの現象は不思議です。今は生産技術などに差がなくなりつつあり、昔よりも製品やサービス自体の差別化が少なくなっています。理論的には、製品の差別化が少なくなるほど、価格が最後の「決め手」になり、価格弾力性が上がりそうですが、実際にはまったく逆のことが起きているわけです。

これは製品やサービスに付帯する情報が、ネットも含めてすごく増えたため、消費者はその情報の多寡や優劣を含めて、価格および製品の価値を評価するようになってきたからです。消費者は、製品やサービスに加えて、付帯する情報も一緒に買っているのです。これをマーケティング的な視点から考えれば、店頭や広告でしか消費者とコミュニケーションできなかった昔に比べて、たとえ製品やサービスの機能自体に競合と大きな差がなかったとしても、今は「情報」という付加価値をつけて、競合より高く売ることもできる機会が増えたわけです。

Chapter 7

絶対原則

価格では勝負しない。
いかに高く売るかを考えるのがマーケティング

原価から売価を決めるのではなく、
理想的な売価から適切な原価を決める

価格は一物一価である必要はない

競合より高い・安いではなく、
お得感を感じてもらえる価格を設定する

製品・サービスに価値ある情報を付加すれば、
価格競争に対抗できる

Chapter 8

PRODUCT MIX

第8章

製品ミックス

強いブランドを持っているのであれば、製品ミックスは消費者にメリットもあるため、推し進めるべきでしょう。ただし、製品ミックスをしすぎると、ブランドのイメージや特長がわかりにくくなる危険性もあります。また、近年流行しているプレミアム・ブランドにも落とし穴があるのです。

製品の選択肢と競争力

ひとつのブランドを、サイズや用途などによって細分化して、消費者の選択肢を増やしてあげる「製品ミックス」の拡張は、強いブランドがあるなら、一般的に行ったほうがビジネスが伸びるとされています。置き場所や露出に制約のないネット販売もですが、特に「(ドラッグストアなどの)棚がある製品の場合」には効果的です。

店頭で販売される製品の場合、製品が並べられる棚を増やしていくことが店頭での露出の拡大になり、他のブランドの選択肢を減らすことにもなるので、ほぼ間違いなく売り上げ増につながります。なので、売れているブランドの製品ミックス、たとえば「〇〇専用」「〇〇味」などと種類を増やしてあげることで、棚の場所の確保、ひいては売り上げ増にも効果的なわけです。

一方で、増やしすぎると、細分化しすぎて消費者が迷うことになったり、またもともとのブランドの強さが希薄になったりして、競合の打ち手にやられてしまう場合もあります。

有名な例ですが、アメリカの歯磨き粉「コルゲート」は、それまで「歯石防止」「歯周病予防」「輝く白い歯」「敏感な歯・歯ぐき用」などと細分化されすぎていた市場に対して、「これ一本ですべてを解決!」という「コルゲート・トータル」を投入して、わずか発売2カ月でシェア35%も獲得しました。考えてもみれば当たり前で、「輝く白い歯」は欲しいけど、「歯石防止」は必要ない、という消費者はいないわけです。競合他社は製品を用途別に細分化しすぎたために、コルゲートの一人勝ちを許して負けたわけです。

日本でも最近、「コルゲート・トータル」に近いアプローチをしたケースがありました。花王の新しい液体洗剤「アタックZERO」です。ZEROの前に「アタックNeo」にはいろいろなラインナップがありました。それを2019年の4月から「ZERO」というひとつの製品に集約しました。世界初の洗浄技術を採用した、すべての目的に使える、「アタック液体洗剤史上、最高の洗浄力」という洗剤です。

花王としては看板商品の「アタック」の全面リニューアルなので、大勝負だったでしょう。多くの社員が店頭応援に駆けつけたと聞きましたし、菅田将暉や松坂桃李ら人気のイケメン5人を起用したCMなど、広告宣伝にも力が入っていました。

ただ残念ながら、今のところシェアはほとんど動いていないようです。なぜアタック「ZERO」は、コルゲート・トータルのように「急伸」しなかったのでしょうか。あらためて考えてみると、いくつかの課題が指摘できます。まずネーミング。「ZERO」という名前からは、「史上最高の洗浄力」がイメージしにくいという声も聞きました。

次に価格です。「ZERO」は少し値上げをしています。リニューアル製品を出した場合、流通から旧品を返品として引き取り、新製品と旧品が同時に販売されることがないようにすることも多いのですが、今回は引き取らないという決断をされました。

結果、「ZERO」を一番売りたい発売当初、同じ店頭に旧品の安い「Neo」と、新商品の少し高い「ZERO」が100〜200円違いで並んでいたわけです。これでは、旧品が店頭にある間は、新商品があまり売れなくても不思議ではありません。

「#洗濯愛してる会」シリーズのTVCM等のコミュニケーションも、賛否両論ありました。何しろ有名俳優がたくさん出てるので目立つCMでしたが、新しい「ZERO」の何が革新的なのか、その便益がわかりにくく、イケメン俳優の印象しか残らない、という声もありました。

パッケージの色を、「アタック」ブランドの発売当初から続いていた「緑」から「白」に替えたというのも賛否両論ありました。白は素晴らしい洗浄力を意味しているという声もありましたが、色はブランド認知に大きな役割を果たすこともあり、アタックを買いに来た顧客が白いパッケージの「ZERO」をパッと「いつもの洗剤」だと認識できなかったのでは、という声もありました。

「ZERO」は高い洗浄力や消臭力、洗剤残りのなさなど、製品としての品質はとてもいいと推測されます。なので、あくまでも結果論になりますが、もっとわかりやすいネーミングにして、旧品を引き取って店頭で価格差が出ないようにして、便益をちゃんと打ち出すコミュニケーションをして、緑色のパッケージを踏襲していたら、アタックZEROはもっと売れたかもしれません。

他にも、それまでは好調だったのに、製品ミックスを増やしすぎて、ブランドのイメージや特長が希薄化することもあります。有名なヘアケアブランドが、同じブランドを使ってヘアケアの新しいラインナップだけでなく、ボディーケアやスキンケアにラインナップを拡張し、もとの強かったはずのヘアケアがいつのまにか弱くなっていた、というような例は枚挙に暇がありません。

製品ミックスには、実は「正解」がありません。そもそも強いブランドでなければ、細分化する意味がありません。業界1位といった強いブランドであれば、それを細分化していくことによって、シェアをどんどん伸ばしていくことができるでしょう。二番手、三番手の弱いブランドは、細分化するとかえって競争力が弱くなるので、製品ミックスをいたずらに増やすことはやめたほうが賢明です。むしろ、ひとつにまとめるほうに持っていったほうが賢明です。競合とはまったく違う土俵で戦う「ゲームチェンジ」（第2章詳述）をすることにより、シェアの逆転を狙うほうがいいかもしれません。

また、歴史の長い消費材ブランドの多くが、ラインナップを拡張したり、広がりすぎたラインナップを統合したりを繰り返しています。ブランドの状況によって、とるべき製品ミックス戦略は違うのです。
自分が携わる製品やサービスのブランドがどういう業界のポジションか、また状況にあるかによって、マーケティング担当者が製品ミックスについてすべきことは変わってくるのです。

プレミアム・ブランドは特殊ケース

既存の製品やサービスの「高級版」を、同じブランドの「プレミアム版」として売り出す企業は少なくありません。いわゆるプレミアム・ブランドですが、基本的にはおすすめしません。

低価格のブランドが同じブランドで高価格のラインナップを発売して成功した例は、例外はありますが、ほとんどありません。皆さんも一消費者として考えていただきたいのですが、「高いカローラ」と「安いメルセデス・ベンツ」が同じ価格なら、どちらが魅力的ですか？　圧倒的に後者でしょう。

逆に高価格帯のブランドが低価格帯を出して成功した例は多々あります。たとえば、アパレルでは、多くの高級ブランドがディフュージョン・ブランド（普及版）を投入して成功しています。

低価格のブランドから高価格帯に拡張して成功した例外的なケースとして、トヨタ（レクサス）の例がよく挙がります。たしかにトヨタはプレミアム・ブランドの「レクサス」を成功させました。ただ、高価格帯は「トヨタ」ではなく「レクサス」というブランドを使っていることからわかる通り、「トヨタ」というブランドのプレミアムへの拡張に成功したわけではありません。

また、多くの大手外食チェーンがプレミアムな新業態に挑戦していますが、同じブランドでプレミアム業態に拡張して成功した例は、まだないのではないでしょうか。業界的にプレミアム系がはやっているからといって、そのトレンドに乗る必要はまったくありません。**既存のブランドの高級版を売り出すのは、やはり成功確率が低い**と考えたほうがいいでしょう。

プレミアム・ブランドとはやや意味合いが異なりますが、食品・飲料メーカーでは、あるブランドの主力商品に何か特別な機能を加えた割高なラインナップとして「特保」（特定保健用食品）を売り出すケースも少なくありません。ペットボトルのお茶でいうと、花王の「ヘルシア緑茶」やサントリーの「黒烏龍茶」「伊右衛門　特茶」、日本コカ・コーラの「綾鷹　特選茶」などです。

特保の場合、ほぼ一番先に発売したブランドが特定の「機能」のイメージを獲得して、成功しているようです。たとえば「脂肪の吸収を抑える」ならサントリーの「黒烏龍茶」、という具合です。

例外は2013年発売の「伊右衛門　特茶」くらいでしょう。2003年から販売されていた、「内臓脂肪を減らすのを助ける」という訴求の「ヘルシア緑茶」がひとり勝ち状態だったのですが、今では「特茶」が圧倒しています。これは「ヘルシア緑茶」も含めてそれまでの特保のお茶が、体に効くというイメージを出すためにあえて苦味が強めの味にしていたという「業界の常識」に対して、「特茶」は「伊右衛門」のブランドを最大に生かし、普通においしい特保のお茶として参入したという、まさに「ゲームチェンジ」だったのが逆転の理由と言われています。「特茶」は続けざまに「ブレンド麦茶」「ジャスミン」を投入する製品ミックスでも成功しています。

実は、特保はすごく特殊なカテゴリーです。特保を取得したとたんに、便益を説明する際に使える言葉などが法律で制約されます。なのでどの特保の製品も、たとえば「体脂肪を減らすのを助ける」とか「脂肪にはたらく、糖にはたらく」といった同じような訴求になります。パッケージにも必ず、特保マークと「内臓脂肪を減らすのを助ける」といった規定のコピーを入れなければいけない規則です。

つまり、ブランドの訴求は原則として差別化できない、というのが特保系商品の特性なのです。なので、あるブランドが先に特定の特保の機能（たとえば「体脂肪を減らすのを助ける」）のイメージを押さえてしまったら、それを後発がひっくり返すのが非常に困難なわけです。また「脂肪」「尿酸」などの特保の大きな市場は先に参入したブランドに押さえられてしまっているので、もし違う内容の訴求をしようとしたら、小さくてニッチなカテゴリーについて訴求をしなくてはならず、ビジネス的に先に参入したブランドを超えるのは至難の業《わざ》、なわけです。

もし今この瞬間、食品・飲料メーカーのマーケティング担当者だったら、同様の機能を訴求している先に参入したブランドをひっくり返すことができそうか、またはまったく新しくて市場も広い訴求ができるのでない限り、特保の開発には手を出さないほうが賢明だと思います。

Chapter 8

絶対原則

強いブランドであれば、
製品ミックスの拡張はビジネス拡大に効果的

製品ミックスの拡大は、
ブランドの希薄化であり、
やり過ぎてはいけない

使用用途や便益などで細分化されている業界では、
あえて細分化をまとめる方向にチャンスがある

弱いブランドの細分化は、
ブランドの競争力をさらに落とすだけ

既存ブランドの高価格版（プレミアム・ブランド）
より、高価格ブランドの低価格版のほうが
成功確率が高い

Chapter 9

PACKAGE

第9章
パッケージ

ネーミングと同等にマーケティング担当者が力を注ぐべき要件がパッケージです。競合と差別化し、目立ち、どういった便益を提供していくのかをデザイン会社とともに考えていきます。ブランドらしさを考えたデザイン、流行、カテゴリーらしさ、リニューアル、ECなど、想定すべきことは多岐にわたります。

パッケージ開発3つのプロセス

パッケージはとても重要です。特に、広告をしない商品が多い消費材にとっては、パッケージがほとんど唯一の消費者コミュニケーションと考えたほうがいいでしょう。世の中には、広告ができない製品やサービスの方が圧倒的に多いし、たとえ大がかりな広告が出せたとしても、その**キャンペーンが終わってしまえば、あとはパッケージ**

でしかコミュニケーションできなくなるわけです。

なので、マーケティング担当者はネーミングと同様、パッケージに特別なこだわりを持って、時間と労力を使ったほうがいいと思います。それだけできちんと差別化になり、目立ち、どういう便益を提供してくれるのかが明確にわかるようになるまで、安易に妥協しないようにしましょう。

パッケージを作る時には、まず、「いったいそのパッケージで何をコミュニケーションしたいのか」を決めなければいけません。

通常は自社でデザインしないで外部のデザイン会社にデザインしてもらうので、そのブランドの「パッケージ・ブリーフ」というものを作ります。そこに記す要素は、①そのブランドのパッケージで必ず伝えたいこと（ブランドのイメージも含みます）、そして②パッケージでしてはいけないこと、の2つです。

①の中には、「将来的に、何をブランドの特長として残すのか」という内容も必ず盛り込みましょう。いわゆるパッケージにおける「ブランド・パーソナリティー」です。パッケージには「リニューアル」がつきものです。その際に、全面的にイメージが変わってしまうと同じ製品だと認識されなくなります。なので、最初から**「いったい何がそのブランドのパッケージを印象づける要素なのか」**ということを、将来的な

リニューアルを視野に入れて明確に決めておくことがとても重要なのです。多くの場合、ロゴや色、かたちがそれに当たりますが、そうしたブランド・パーソナリティーを明示したパッケージブリーフを作りましょう。

必ず伝えなければいけないことと、してはいけないことを全部網羅したパッケージブリーフを、関係者の合意をとった上で、デザイン会社などにオリエンテーションしてデザインしてもらう、という流れになります。

? デザインの判断基準と消費者テスト

パッケージ・ブリーフに基づいて、デザイン会社などから複数のデザイン案が上がってきます。その可否や改善点を判断するわけですが、大切なことは、パッケージ案が上がってくる「前」に、パッケージ案を評価する「基準」を決めておくことです。基準が事前に決まっていないと、単に担当者や上位のポジションの人の好き嫌いで決まる可能性が高くなってしまいます。この基準を、パッケージ・ブリーフに入れておいてもいいかもしれません。

評価基準は、とてもシンプルです。パッケージをパッと見た時に、パッケージ・ブリーフで定義した伝えたいことが、伝えたい順番（優先順位）で伝わっているかどうか、ということです。

その基準を明確にしておいた上で、デザイン案が上がってきたら、自社のメンバーだけで判断するのではなく、できればターゲットの消費者にデザイン案を見せて判断してもらいましょう。いわゆる「スクリーニング」（選別テスト）です。繰り返しになりますが、パッケージは唯一のコミュニケーションです。だから、変なバイアスのかかっていない実際のお客様に見てもらって、何が伝わるか、伝わらないか、テストをするのがベストなのです。

パッケージテストは2種類あります。ひとつは候補のパッケージデザインを単体で調査のパネリストに見せて、「どう思いますか?」「何が伝わりますか？　伝わりませんか?」と、単体でのパッケージの良し悪しを確認するためのテスト。

もうひとつは、実際にパッケージが置かれている場所（を模した棚など）で、実際の競合と並べた上で、パッケージの良し悪しを判断するテストです。これがとても重要です。ほとんどの消費材は、スーパーマーケットやドラッグストアなどの店頭に置かれるわけです。店頭で他の競合と比較しながら、かつ棚の上や下など、いろんなところに実際に置かれた状況で、候補のパッケージがどう見えるかを評価しましょう。

実際のお客様に判断してもらえればベストですが、その時間がない場合には社内にドラッグストア等の棚を再現して、そこで競合他社のパッケージと並べて比較して見るだけでも意味があります。実際、P&Gには社内にドラッグストアやスーパーマーケットの棚を再現した「仮想店舗」のスペースがあり、そこで新パッケージを競合と並べて評価するのが慣例でした。

製品が使われる場所で評価する

製品が店舗の棚に並んだ時に加えて、実際にその製品が使われる場所でも評価するようにしましょう。それが使われる場所でどのように見えるのかというのはとても重要です。たとえば、シャンプーならお風呂場、消臭剤ならリビングでどう見えるのかを確認しましょう。消臭剤の場合、いかにもトイレに合うようなデザインだとリビングで使ってもらえないわけです。

また、別の視点から考えてみると、また違ったパッケージの発想が出てくるものです。先に紹介したマツモトキヨシの「ラジカセ」デザインのトイレットペーパーも、買った後の「帰り道」という視点から発想したパッケージといえるでしょう。このアイデアは、製品自体を変えなくてもパッケージのデザインだけで付加価値化できることを、実にわかりやすく証明してくれました。

逆に、失敗例もあります。昔、P&Gの「ボーナス」という液体洗剤が、リニューアルで大失敗したことがありました。持ち手が付いている独特のデザインだったのですが、使われている場所についての思慮が足りなかったために、パッケージの形状を変えてシェアを落としたことがあります。

当時、まだ粉末洗剤が主力だったころの市場で、液体洗剤のボーナスは汚れ落ちの強力さが特長で、日本のいろんな船（漁船など）に常備されていました。どの船にもボーナスをぴったり入れるための専用スペースがあったほどです。ところが、パッケージの形状を変更したら、そのスペースに収まらなくなってしまい、いきなり売れ行きが落ちたのです。こんな「凡ミス」がないように、**新しいパッケージをデザインする際には、製品が使われている場所もしっかり考慮する**ようにしましょう。

「わかりやすさ」を追求する

全国で販売しているようなマス・ブランドに携わっているマーケティング担当者は、

基本的に「港区や渋谷区の人しか理解できず、地方の人には理解してもらえない」ようなパッケージは意味がない、と考えたほうがいいと思います。

つまり、都会の一部の人にしかわからない（または響かない）ような、たとえば欧文をあしらったような格好いいだけのパッケージデザインやコピーでは、日本全国で販売する時にはまったく意味がない、ということです。

「わかりやすさ」はパッケージだけではなく、POPのデザインやキャッチコピー、広告、ホームページなども含めて、とても大切です。当たり前ですが、「コミュニケーションは、理解してもらわなければ、意味がない」わけです。

もちろん、都会の2万人だけ、または社会のある層だけにわかってもらえばいいという製品やサービスもあるでしょう。でも、一般向けのマスの製品やサービスはそうではありません。できれば、日本の現役時代の人口である7000万人に理解してもらえるようなパッケージになるのが理想です。そうなると、たとえばパッケージで「欧文」だけを使うという選択肢はほぼ消えます。誰もが知っているような単語、DOとかONとかなら使えるかもしれませんし、デザインの一部として使うのはアリですが、**日本で幅広く理解してもらおうと思ったら、間違いなく日本語の一択**です。

森永製菓の「inゼリー」は一時、パッケージデザインを日本語中心から欧文中心にリニューアルしましたが、すぐにまた元の日本語中心に戻しています。ネットに詳しいケースが載っていますが、欧文が中心の「カッコいい」パッケージデザインに変更したとたん、消費者に対してどんな製品なのか、伝わりにくくなったのです。

たしかにどの店頭にも、「.inゼリー」と同じカテゴリーの競合製品も一緒に並んだ棚がちゃんとあるので、お客様にはカテゴリーの認識はあるでしょう。しかし、「inゼリー」にはエネルギーだったりビタミンだったり、いろんな種類（バージョン）があります。競合のブランドにもいろいろな種類があります。そうすると、棚で瞬時にそのバージョンの製品特長がお客様に伝わらなければ、圧倒的に不利なのです。「inゼリー」は、コンビニにあるくらいですから、決して2万人向けの製品ではありません。なので、たとえば「MINERAL」よりも「鉄分」のほうが断然わかりやすい。つまり、「鉄分」という特長が瞬時に伝わらないデザインやパッケージコピーには意味がないわけです。

デザイナーに任せれば、たしかに「格好いい」デザインのパッケージになるでしょう。けれども、それが7000万人に伝わるデザインかどうか、消費者目線でとことん考えてパッケージブリーフに落とし込み、**実際に消費者調査で判断し、時には「格好いい」デザインにダメ出しをするのが、マーケティング担当者の役割**なのです。

消費者目線で考える、7000万人に伝えたいことが伝わるようにするというのは、簡単なようで、特に都会で仕事をしているマーケターやデザイナーには、意識しないとなかなか実現できない、難しいことなのです。

成功するパッケージ変更&リニューアル

ブランドのリニューアルの時に、パッケージのデザインを全面的にがらりと変えてしまうケースもあります。いわばパッケージで勝負するパターンです。

かつてヘンケルは、「フレッシュライト」という若い女性向けのヘアカラーやブリーチのシリーズで、大胆なパッケージのリニューアルを実行しています。当時、女性用ヘアカラーはいくつかの会社が広告を出稿していますが、髪の毛の色を抜くブリーチは、カテゴリーが小さいこともあり、どの会社もまったく広告をしていませんでした。ブリーチという製品は、普段は学校で髪の色が規定されている女子高生などが、夏休みに入ると髪の毛の色をブリーチで抜いて金髪になり、休みが終わる前に髪の毛の色を元に戻すというような使われ方をしていたカテゴリーでした。

よくお客様を観察すると、お客様がブリーチを選ぶ基準は、広告やブランドではなく（どこも広告をしていなかったので）、店頭で実際にパッケージを手にとって、裏の説明書きを読んで、というパターンがほとんどでした。そこから、「パッケージ自体を、主なターゲットである女子高生にとても魅力的でキャッチーなものにすれば、同じ商品のままでも売れるのでは？」という仮説ができ、パッケージをリニューアルしよう、ということになりました。

当時は、「フレッシュライト」も含めてどの会社のパッケージでも若い女性モデルの顔写真が前面に出ていて、その髪の毛の色で、ヘアカラーやブリーチの色を判断してもらう、というようなデザインでした。

そこでヘンケルは、パッケージの前面に他社と同様の「人」のモデルではなく、アメリカ生まれの「ブライス」という当時女子高生などに人気のあったファッションドール（人形）をパッケージモデルとして出すことにしました。店頭で競合と比べて目立つように、またまったく違うおしゃれな印象が残るようにしたわけです。

人の顔に対する好き嫌いより、人形の顔に対する好き嫌いのほうが少ないということもありました。アニメキャラなどもそうでしょう。つまり、モデルをブライス人形にすることで、この髪の毛の色が私に似合うか似合わないかという判断が、パッケージのモデルの顔の好き嫌いに左右されないようにするという狙いもありました。

結局、ターゲットの女子高生の約8割が「(競合のパッケージより)好き」と答えるようなパッケージデザインができ上がり、まったく製品の中身を変えずに、パッケージを変えただけで、売り上げは大幅に伸びました。

もちろん、パッケージを全面的に変えるのは大きなリスクでしたが、そもそものシェアが低かったので、大きく何か変えないと販売力の強い競合を相手にビジネスを伸ばすことが難しい「フレッシュライト」だったからこそ、ここまで大胆なリニューアルができたのかもしれません。しかし、この例だけでも、パッケージは店頭での強力な差別化となり、お客様の心をとらえた、**競合と明確に差別化されたパッケージは、売り上げに直結する非常に重要な要素**だということがご理解いただけると思います。

失敗するパッケージ変更&リニューアル

パッケージデザインをがらりと変えると、もしかして消費者に同じブランドだと認識されない可能性があります。これはつまり、新しいパッケージは新しいユーザーを惹きつけることができるかもしれない代わりに、既存のユーザーの離反のリスクがある、ということです。

一方で、実際に多くの会社で行われていることですが、パッケージを少しだけ変更・リニューアルした場合には、その製品が新しいことが伝わらない場合がほとんどです。「その程度の変更なら、わざわざパッケージをリニューアルする必要はないだろう」という判断があって当然です。パッケージの大きな変更はリスクだし、それなりに投資もかかるので、「こうやったら勝てるんじゃないか」という明確な仮説がない限り、おすすめしません。

残念ながら、きちんとした戦略や仮説のないまま漠然とパッケージやデザインをリニューアルしているケースは世の中にあふれています。たとえば、「パッケージが新しくなりました！」という訴求をたまに見かけることがあります。でもパッケージの変更は、機能的に大きな改善がない限り、消費者的には何の価値もないことです。このようなパッケージ変更は、供給者側の自己満足でしかありません。

戦略なしに変更しても売れるはずがありません。**こうすれば勝てる、こう勝ちたいという戦略の一部として、見てわかるようなパッケージのリニューアルをするのが、正しいパッケージ変更です。**

また、最近はあまり見かけませんが、以前は製品をリニューアルした時、パッケージを変えずに、ひとつひとつの新製品に「ＮＥＷ」とか「新製品」と書かれたステッカーを貼り付けるというケースもありました。カテゴリーによりますが、新製品と訴求できるのは発売後6カ月までです。その間、せっかくの新製品なので「新製品」と言いたい気持ちはわかりますが、「NEW」というようなステッカーはほとんど消費者に響きません。というより「新製品」という訴求だけでは、消費者にとってほとんど価値がなくなっています。

たとえば、「このシャンプーが新しくなりました」だけでは、それが新しくなって、どういうふうに変わったのか、何が良くなったのか、その人と何の関係があるのかなどがわからなければ、消費者の視点からはまったく意味がないのです。

なぜなら、そのシャンプーが「新しくなったこと」は、今そのシャンプーを使っていない人に新たに使ってもらう理由にはならないからです。店頭に積んでもらう、棚に置いてもらう理由にはなるかもしれませんが、**消費者からすると「新しい」だけでは何の価値もない**ので、多く売れるわけもありません。

多くの消費者が「新しいだけでは、私には関係ない」と感じるとわかってきたからこそ、最近、「NEW」のステッカーを付けるだけのような小手先のパッケージ訴求を見かけなくなったのでしょう。

? 流行のデザインを取り入れるべきか

パッケージに流行のデザインを取り入れることは、シーズンごとに売り切ってしまうとか、よっぽど頻繁にリニューアルをするような製品・サービスでない限り、おすすめしません。今年はやっている色が来年はやるとは限らないように、流行は必ず変わります。対策としてリニューアルがあるとはいえ、ブランドの「顔」であり、変更に時間と投資が必要なパッケージは、一般的には頻繁に変えることができるものではないからです。その意味では、**パッケージデザインにはできるだけ長年使っても問題ないようなデザインを選ぶべき**です。

もちろん競合のパッケージデザインの変更は考慮したほうが良いでしょう。ほとんどの製品において、店頭に単体で置かれるというケースはないからです。もちろん、競合がリニューアルしたらまねしてリニューアルしろという話ではありません。継続的な差別化のためには、他社の変更を知っておくことが不可欠だからです。

店頭では、必ず自社製品のパッケージと競合製品のパッケージが並んでいます。そこで差別化できるかどうか比較して、より見やすい、よりわかりやすい、より目立つデザインを追求していくのは、当然のことなのです。

近年、パッケージにQRコードをつけた製品が出てきました。それをスマホに認識させると、こんな特長がある製品で、こんな原料のこだわりがあり、こんな使い方があるといったことが詳しくわかるという、消費者コミュニケーションのためのツールです。一時、ドラッグストアなどでは商品説明のQRコード付きのPOP広告（店頭販促広告）がはやったりしました。

ただ、QRコードつきのパッケージやPOPは、あまりおすすめしません。理由はとても簡単で、いろいろなQRコードつきのパッケージやPOPが出ているにもかかわらず、店頭を観察すればわかりますが、実際に店頭でスマホをかざしてQRコードを読み取っているお客様はほとんどいないからです。実際、皆さんも自分の毎日の生活の中で、まずやったことがないでしょう。なので、**QRコードによる販促は、「自己満足に近い」**というのが結論です。

このように、パッケージにおいては「流行に乗っても、あまり効果はない」と考えたほうが良いでしょう。

カテゴリーらしさという安心感

消費材のパッケージには、その商品が属する「カテゴリーらしさ」が必要です。洗剤には洗剤「らしさ」、缶コーヒーなら缶コーヒー「らしさ」、ということです。消費者はそれがわかっているので、デザインがすごく整理されていてカッコよくても「らしさ」がないと、やはり試してくれないし、いずれ離れていくわけです、

パッケージデザインを制作する際には、こうしたカテゴリーらしさの理解が必須にもかかわらず、新しいデザインを作ることに注意が行ってしまい、これを意識していないマーケティング担当者は意外に多いようです。経験のあるデザイナーなら、ある程度「らしさ」をわかっているので大丈夫でしょうが、他のジャンルのデザイナーがパッケージ開発にチャレンジした場合、斬新だけどぜんぜんおいしそうに見えない食品のパッケージや、格好いいけどコーヒーに見えないコーヒー飲料、のようなデザインができ上がってしまうのです。

ただ、カテゴリーらしさがあればあるほど、新製品らしさはなくなります。逆に、新製品らしさを出せば出すほど、カテゴリーらしさが減って、そもそも気づいてもら

えないということが起こります。なので、2つの「らしさ」を調整することが非常に重要になってくるわけです。

もちろん、「ブランドらしさ」というのもあるでしょう。先に紹介した「アタックZERO」は、パッケージも新しいデザインになったのですが、色も大きく変えたので、前の「アタックNeo」を使っていたお客様が同じ「アタック」だと気づかないのでは、と懸念するほどでした。「アタック」らしさを消して、新製品らしさをより強調したわけです。

ECで売れるパッケージ画像とは

パッケージの重要性は、リアルの店頭と比べると、EC*のサイトのほうが低いと思います。

ECサイトでカテゴリーを検索した場合、そこに表示されるパッケージ画像のサイズは2センチ四方ほど（スマホではさらに小さい）と、極小です。なので、色やかたちが競合と極端に違わないと、ひと目でユーザーの興味を引くことはできません。

ほとんどのECサイトで、パッケージの画像よりも説明のテキストのほうが面積的には大きく表示されています。または閲覧するデバイスによっては、パッケージが表示されない（商品名と説明のテキストだけ）場合もあります。つまり、そこにどういう「売り文句」を置くかのほうが画像よりも重要なのです。パッケージにもコピーは入っているでしょうが、小さく表示されるので効果は期待できないでしょう。ECサイトの場合は、パッケージよりもテキスト、つまり**「ネーミングやキーワードでどう差別化を打ち出すか」ということが重要**なのです。

たとえば、ミネラルウォーターをECサイトで販売することを考えてみましょう。多くの人は2リットルのペットボトルを購入するので、勝負するならそのサイズのカテゴリーということになります。

パッケージ画像はもちろん表示されますが、画像内の文字は小さすぎて読めません。つまりECサイトで販売するミネラルウォーターの場合、トップに表示されるパッケージはブランド認識さえできればいいと割り切り、画像と一緒に表示されるキャッチコピーやディスクリプション（説明書き）の差別化に注力すべきです。もちろん、リンクからより詳しい商品説明に飛べる仕様の場合は、その商品説明ページでパッケージを見せたり、より詳しい説明ができたりしますが、まずは他の商品と一緒に並んで表示されているトップページで、興味を持ってもらわなくてはならないのです。

＊　Electronic Commerceの略。電子商取引全般を指す。

ECサイトの場合には、約2センチ四方の画角の中で、パッケージの一部だけを切り取って見せるという選択もできます。全体を見せるよりも、あえてロゴだけを見せたほうが目立つというケースもあるわけです。なので、オンライン上で何を見せたらインパクトがあるのか、競合と違って見えるのかというような、パッケージ画像の見せ方について追求すべきです。

また、製品の使用シーンを一緒に見せることもできます。特にライフスタイルもの、たとえば靴なら、こんな服と合わせる、こんな場所で履くといった画像や動画を一緒に表示することにより、購買に結び付く確率が高まります。ECサイトでは、どう使うかというイメージが湧く画像や動画をパッケージや商品説明と一緒に見せてあげることも重要です。

効果的なサイズと形状

パッケージを決めるということは、実は「売る容量（サイズ）」を決めることでもあります。当たり前の話ですが、何グラム入りにする、何ミリリットル入りにするといった**製品のサイズは、販売価格や収益性、競合との差別化につながる、とても重要**

な要素です。

サイズはほとんどの場合、販売価格から決まります。「いくらで売りたいか（いくらなら売れるか）」を先に決めないと、その価格で十分な利益が出る容量やサイズ、または競合製品が決まらないので、最適なパッケージは決定できません。同じカテゴリーでもサイズによって違う競合と店頭に並ぶ場合もあるので、パッケージのデザインも、まずはサイズや価格を決めてから考えるほうがよいでしょう。

そしてサイズも、デザインと同じように競合との比較が大事になります。

失敗例を紹介しておきましょう。ヘンケルでは、かつてポンプサイズが中心のヘアケアブランド「サイオス」を新発売しました。優れた品質だけどコスパの高いヘアケアというコンセプトだったので、当時の競合のサイズを参考にして、より大きな容量で競合と同様の価格を実現すべく、大型のポンプサイズで参入しました。発売当初は良かったのですが、すぐに競合がかなり小型で、「サイオス」より格段に安い単価のポンプを投入してきたため、「サイオス」の値段は「お得感」がなくなってしまいました。他の理由もありましたが、その後「サイオス」のヘアケアは終売になりました。

新製品を発売する時には、将来的にサイズや容量を変更する可能性も視野に入れておきましょう。いくらで販売したいかを決め、競合と比較して負けないサイズを決めるわけですが、将来的に10％や20％の増量キャンペーンあるいはリニューアルの可能性があるなら、その際に新しいパッケージを開発しなくていいように、最初に発売するパッケージは、容量に対して少し大きめのサイズにする、というような選択肢もあるからです。

パッケージのサイズや形状については、もうひとつ考えなければいけないことがあります。それは「棚効率」です。

スーパーマーケットやドラッグストアといった小売りは、常に棚のスペース単位で売り上げの効率を見ています。つまり小売りにとっては、スペースを取らなければ取らないほど、同じ場所を取るならより高い売り上げが上がるほうがいい製品というわけです。たとえば、製品の横幅。メーカーのマーケティング担当者からすると、パッケージの横幅は広ければ広いほどコミュニケーションのスペースが大きくなるのでいいことですが、棚の効率が下がるので、小売りからは決して好まれません。なので、サイズを決めるときにはそのバランスも大事になります。「店頭でどれくらいのサイズまで、流通的に許容されるのか」を考慮しましょう。

さらに、パッケージの正面が見える状態で店頭に並べられることを前提にデザインしても、棚のスペースしだいでは側面を前面にして横置きで置かれてしまうこともあります。つまり、**製品の正面だけでなく、側面でも十分にコミュニケーションできるようなデザインを考える必要もある**のです。

また、同じシリーズのアイテムをいくつか並べるとひとつのデザインになるというパッケージデザインの製品がありますが、おすすめできません。そんな並べ方ができる自社製品をたくさん置ける店頭は、実際にはかなり数が少ないわけです。棚が大きくて余裕のある地方のホームセンターなら並べることができるかもしれませんが、そういう規模の大きい店舗は限られています。それに、売れないアイテムは将来、棚から落ちていきます。つまり、単品でパッケージが完結していて魅力がないと、やはり意味がないのです。「全部そろったらこうなります」というデザインは自己満足に近くて、店頭では意味をなさないと考えたほうが良いでしょう。

これは、外資系がよく失敗するケースです。海外は店舗面積が広くて棚のスペースに余裕があるので、日本の流通に比べて棚効率に厳しくありません。だから「全部そろったら」というデザインが成立します。ところが、日本の店舗は狭く、とても棚効率に厳しいので、同様のパッケージが意味をなさないことが多いのです。

この他にも海外のパッケージをそのまま日本に持ってきて失敗するというケースは少なくありません。たとえば、五角形や六角形のパッケージ。目立つこともあり、海外ではいろいろな製品に採用されているのですが、日本では棚効率がすごく悪いので非常に不評です。五角形や六角形は棚に並べたときに無駄なスペースができるので、棚に置ける商品の総数が減り、棚効率が悪くなるのです。なので、四角形以外、五角形や六角形や円筒といった奇をてらったパッケージは、よほどのことがない限りおすすめしません。画角の小さいECサイトでも効果は少ないので、やはりパッケージは四角形が原則だと思います。

現在ではトライアル理論は無効

昔はヘアケアや化粧品などのマーケティングでは、「トライアル理論」というものがありました。消費者は新しいブランドの製品を買う時には「まず（サンプルなどの）小さなサイズで試してみて、それが気に入ったら大きいサイズに移っていく」という理論です。なので、たとえばシャンプーのメーカーは、150ミリリットルといった小さなサイズからポンプなど大きなサイズまで、製造・販売していました。

今はこのトライアル理論は、ほぼ通用しなくなっています。消費材では多くの製品の品質に昔ほどの大きな差がなくなってきたこと、また大きなサイズを買うリスクは数百円程度であることからも、大多数の消費者が最初からポンと大きなサイズを買うようになったからです。高級化粧品などは比較的高価格なので、まだ小さなサイズやサンプルにも存在価値はありますが、たとえばヘアケアやボディーシャンプーなどの「大きなサイズを買うことのリスクが小さい」商品では、割高な小さなサイズはなかなか売れなくなっています。

なので、最初からポンプしか作らない会社というのが増えてきました。たとえば、ヘアケアで大きなシェアを持つ「ボタニスト」は発売当初ポンプしかありませんでした。また小売店からすると、小さなサイズを売るのが当たり前のコンビニのような形態でもない限り、スペースが限られている棚に、わざわざ小さな売れない洗剤やシャンプーを並べておく理由がどんどん減っているということなのです。

消費者は賢いので、小さなサイズが割高だと知っているし、使う場所を考えたら大きくていいし、どれを買っても大したリスクがないこともわかっています。なので、トライアル理論はもはや無効と言えるでしょう。

おひとりさま需要

洗剤やシャンプーなどの消費材では小さなサイズの製品が売れなくなっているといいましたが、一方で食品などでは近年、小さなサイズに対する需要が高まっています。これは、消費者の生活習慣等の変化から、「おひとりさま需要」と呼ばれる消費者のニーズが増えているからです。

食品では、これまで比較的大きいサイズの「お徳用」というようなパッケージのほうが売れると言われていました。ところが、今、特に都市部のスーパーやコンビニでは、一人前の小さなサイズの売れ行きが伸びています。これはひとり暮らしの人が多くなったからという理由だけでなく、あまり量を食べることができないシニアや、家で食べることの少ない共稼ぎの夫婦も増えて、「いっぱい買っても、食べきれないから無駄」というように変わってきたからです。

もちろん、会員制倉庫型店のコストコのような「まとめ買い需要」にターゲットを絞った業態もあります。なので、まずはどんな消費者のどんなニーズに応えるのかをしっかり決めないと、結局、パッケージのサイズも決めることはできないわけです。

Chapter 9

絶対原則

パッケージは、業界によっては
唯一の消費者コミュニケーションでもある、
重要な要素

後のリニューアルを考えて、
残すべきブランドの要素・特徴を考える

製品が実際に並んでる環境、
実際に使われる場所で、
パッケージ・デザインを評価する

格好良さではなく、わかりやすさを追求する

「新製品」というような訴求だけでは、
意味がない

リニューアルには「新しさ」と
「カテゴリーらしさ」のバランスが重要

Chapter 10

DISTRIBUTION STRATEGY

第10章 流通戦略

アンゾフのマトリクスの通り、流通は既存製品を既存チャネルで拡売するケース、既存製品を新しいチャネルに拡大するケース、既存のチャネルで新しい製品を販売するケース、そしてまったく新しいチャネルで新しい製品を販売するケースが想定されます。大ヒットが生まれない時代には、これまでとは違う流通をマーケティング担当者も考えなければいけません。

? 流通戦略はコンセプトに従う

流通とは、どんなチャネル（到達経路）で消費者に製品を売るか、届けるかということです。たとえばドラッグストアは、今全国に約2万店もあります。その巨大なチャネルを確保することは、当たり前ですがとても重要です。多くのマーケティング担当者は、「競合に比べて、どのくらい大手のドラッグストアにたくさん配荷・陳列できるか」というところで、激しくしのぎを削っているはずです。

一方、新製品を担当するマーケティング担当者の場合は、新製品をこれまでと同じ、ドラッグストアに配荷することだけでなく、「どのようなブランド・ビジネスにしたいのか」「どこで消費者と接点を持つべきか」というコンセプトをまず考えて、それに従って最適な流通チャネルを決定すべきでしょう。

また、販売したい製品が差別化されているかどうかが、大手流通の店頭に置いてもらえるかどうかに直結するし、そのビジネスの収益性にも直結します。一社の製品しかない、あるいは競合があまりいないという状態であれば、流通は一般的な「条件」を度外視してでも製品を置かざるを得ないわけです。

つまり流通に関しては、有名なアンゾフのマトリクス*の通り、既存製品を既存チャネルで拡売するケース、既存製品を新しいチャネルに拡大するケース、既存のチャネルで新しい製品を販売するケース、そしてまったく新しいチャネルで新しい製品を販売するケースがあるわけです。

＊　1957年、イゴール・アンゾフにより発表された多角化戦略のためのフレームワーク。

製品・サービスをどこで売るべきか

流通は必ずしも「広げることがいいこと」ではありません。よく知られているように、「どこで売られているか（いないか）」というのも立派なブランドです。また「希少価値を価値にする」というやり方もあります。なので、実は**「どこで売るのがいいか」という問いに、単純な答えはない**のです。

たとえば、サプリメントのＤＨＣの流通は、まず自社で通販をやりながらブランドを世の中に広めて、ある程度ブランドが確立してからコンビニに展開して成功しました。ダイソンやデルもそうで、直販だけという流通から、家電量販店などに販路を拡大して成功しています。また、今はどのドラッグストアでも販売しているヘアケアの「ボタニスト」も、最初は通販でしか販売していませんでした。

このように近年では、直販をメインに製品を売っていた会社が、量販店やドラッグストアなど既存のチャネルに販路を広げて成功しているケースが目立ちます。その手法が成功しやすい理由は、ＥＣサイトや直販で販売することにより、一般流通で販売を開始するころにはブランドがある程度の認知度や評判を獲得できているからです。

その場合、認知度ゼロから始まる製品とは違い、既存のチャネルでもメーカー側が価格をコントロールできます。販売実績のある自社の価格が前提になるので、既存のチャネルに対して「それより安い価格で店頭には出せない」などと強気で交渉できるわけです。また、すでに直販で認知と評判があるので、店頭に並んだ最初から顧客がいる状態ということもあり、成功しやすいのです。

逆のケースもあります。既存のチャネルで売られていて、すでにブランド化している製品を、さらに自社サイトで売るというやり方ですが、今のところ成功している例はあまり見当たりません。

他の流通でも販売している製品は、自社サイトではほとんど売れません。それは、自社サイトには流通の重要な魅力である「品ぞろえ」と「価格」がないからです。たとえばドラッグストアには、競合の製品がたくさん並んでいるし、ポイントもつきます。また同じ製品でも、近所の店舗と価格も比べられます。それに比べて自社サイトはある特定の会社の製品しか販売していないし、他の流通に配慮して魅力的な価格も出せず割高になりがち。なので、消費者からすると魅力が薄いのです。

また、同じオンラインでも、自社サイトは楽天やＡｍａｚｏｎに代表される既存の大手ＥＣサイトと比べたら、「品ぞろえ」と「価格」に加えて、「使いやすさ」でも圧倒的に劣るわけです。すでにこれらの大手ECサイトのユーザーになっている人はもちろん、新規登録する人にとっても、今後の買い物のことを考えたら、その利便性は比べるべくもないでしょう。

メーカー側は流通に支払う手数料がいらない分、直販で売ったほうが利益が出せると考えがちですが、消費者にとっては他のチャネルでも販売している製品をそのメーカーのサイトで買うメリットはほとんどないので、自社サイトを訪れる人は圧倒的に数が少ないのが現実です。もし本当に自社サイトでの販売を中心にしたいなら、他の一般流通や大手ECサイトでの販売をやめるというリスクを取らなければ、まず成功しません。こうしたことは「お客様の立場」になって流通を考えたら、簡単に理解できることです。

? モール型ECサイトのデメリット

アマゾンや楽天市場、ZOZOなど、いわゆるモール型の大手ECサイトで売るか、売らないかという選択について考えてみましょう。

近年、モール型ECサイトの集客力にはすごいものがあります。結果としてブランドの露出とリーチが広がるので、メリットとしては製品の認知度が上がる、またある程度の数の売り上げが見込めるという点です。これは大きな売り上げを確保したいナショナルブランドにはとても魅力的です。

ただ、大手ＥＣサイトの多くでは、製品を表示するページのデザインやトンマナを大手ＥＣサイト側に合わせる必要があるので、製品のイメージづくり（ブランディング）にはマイナスです。また、会員向けに「セール」があったり、「他よりも絶対安い」などという約束を掲げていたりしていて、サプライヤー側の価格戦略とは無関係に価格が下がる可能性もあります。もちろん、決して安くない販売手数料がかかるので、もしかして他のチャネルよりも収益性が低くなる可能性もあります。

つまり、**大手ＥＣサイトのメリットはリーチと露出があることで、デメリットはアンコントローラブル（操縦不能）なこと**なのです。

そのメリット・デメリットをどう判断するかは、どのくらいの量を販売したいのかによるでしょう。たとえば、それほど大きな規模を狙わないのであれば、大手ＥＣサイトで売るのは「お客様を獲得するため」と割り切って、一定数の固定客が見込めるようになったら出店をやめて、自社サイトでの販売だけに切り替えるというやり方がありまます。実際、このやり方は珍しいことではありません。たとえば中川政七商店は、楽天での販売を止めて自社サイトだけに集約して、かえって売り上げを上げることに成功しました。もちろん多くのブランドでは自社サイトへの移行期には売り上げは落ちるでしょうが、ブランディングも価格も自分でコントロールできるので、長期的に見れば安定するビジネスを構築しやすいわけです。

現代では、ひとつの製品やブランドで莫大な売り上げを上げるというのは非常に難しくなったと思います。これだけ**メディアが細分化してしまい、消費者それぞれが違う価値観を持つようになると、昔のような全員が知っている・使っている大ヒットというものは、生まれにくい土壌ができてしまっている**と考えたほうがよいでしょう。

今この瞬間、誰もが知っている・使っている製品やサービスやブランドがあるでしょうか。おそらくｉｐｈｏｎｅとユニクロの「ヒートテック」くらいで、それらはむしろ例外です。その「例外」を再現しようとしても成功確率は低いのが現実です。なので、今は**「小さいターゲットに刺さる、小さいブランドの集合体」という会社のほうが間違いなく強い**と思います。そうであれば、大きな売り上げが必要ないので大手ＥＣサイトや全国的な流通で販売する必要もありません。

小さくても「引き」の強いブランドをたくさん作って、さまざまなメディアを駆使してコミュニケーションすれば、消費者はそのブランドをネットなどで指名買いしにきてくれます。そんなブランドをいくつも育てて自社サイトで販売するのが、ブランディングも価格もコントロールでき、売り上げにもなり、収益も上がる方法です。

大ヒットが生まれない時代には、そんなこれまでとは違うビジネスの方向をマーケティング担当者も考えなければいけないのではないでしょうか。

相手先ブランド製品（OEM）の使い方

メーカーが流通のオリジナル製品として製造して流通のブランドで販売するOEM*を行っている会社も少なくありませんが、マーケティングという意味では、意味が薄いと思います。

OEMというのは自社の製品を他社ブランドで（特定の流通で）販売するものなので、当たり前ですが、他社ブランドでしかなく、ほとんど自社ブランドに貢献することがないからです。つまり、**製品を供給するメーカーがOEMによって何かしら高い評判を得ることがない以上、マーケティング的には無意味**なのです。

近年、「絶対にOEMはやらない」と言っていたナショナルブランドが、コンビニエンスストアなどにOEMを提供するようになりました。たしかに大きな生産設備を

＊ Original Equipment Manufacturerの略。相手先ブランド製品などと和訳する。

持っている会社にとっては、相手が巨大な流通であれば、「量がさばける」「生産量を確保できる」というようなメリットがあるでしょう。ただOEMは、たしかに売り上げは増えますが、自社ブランドと比較したらたいした利益にはなりません。そして（ある程度の期間の販売契約はあるでしょうが）販売の最終決定権は流通側にあるので、ビジネスとしては不安定です。かつ、自社ブランドの認知やイメージの向上にはまったく貢献しません。なので、実はあまりいいビジネスとは言えないのです。

もちろん現実的には、巨大な生産設備を稼働しなければいけない会社にはOEMが必要でしょう。ただ本来的には、「OEMは（自社の）マーケティングではない」というのが正しい考え方だと思います。

OEMではなく、自社ブランドの製品をチャネルごとに少し変えて流通専用製品にしているメーカーもあります。特別な色や名前を付けて売っていたり、他の流通とは違う容量で売っていたりするのですが、消費者からすると、実質的な差別化はほとんどありません。これは、流通に対する「価格コントロール」がメーカー側の目的であって、過剰な安売り競争にならないようにしているのです。その意味では、OEMよりはマーケティング的に意味があるでしょう。

価格コントロールに効果的なのは「容量を変える」ことです。たとえば、消費者が感じるお得感は、小売店とネットでは違っていて、ネットの顧客は「大型」に対してお得感を感じる傾向があります。つまり、小売店で売る製品は普通サイズ、ネットで売る製品は大型サイズというように容量を変えることが、流通面での差別化になるわけです。結果として、価格もコントロールできるようになります。

流通販促のポイント

現在、ドラッグストアやスーパーマーケット、大手ECサイトなどで製品を流通させているメーカーは、流通マージンを支払っています。当たり前ですが、流通マージンを払わなければ製品を取り扱ってもらえないというのが「商慣行」です。

加えて、大手の流通の棚に製品を置いてもらったり、店頭に陳列してもらうため、またはECサイトで上位に表示してもらったりするために、流通マージンに加えて何らかの流通販促費を支払っています。棚においてもらうための「棚料」とか、店頭で露出してもらうための「山積料」などと呼ばれるものです。

この仕組みはつまり、裏返して言うと、流通販促費を払いさえすれば、まったく売れないものでもない限り、店頭やECサイトのいい場所にたくさんの自社製品を並べることができる、ということです。あまりにも当たり前の商慣行として行われているので、その「投資対効果」をあまり考えたことがないかもしれませんが、多くの場合、かなり効果的です。

ほとんどの製品は店頭での「露出」に比例して売り上げが変わります。店頭で最も目立つ場所にあって、ＰＯＰがちゃんと付いているというのは、製品が一番売れる状態なのです。ＥＣでも同様で、あるカテゴリーを検索した時に上位に表示されることは、売り上げに直結します。つまり、そこにマーケティング費用を使うことには意味があるということです（多くの会社では、この費用はマーケティング部の管轄ではなく、営業や販促部が管理していることが多いですが）。

なので、**店頭やウェブサイトでの露出を増やす「流通販促」は、他のマーケティング施策との効果を比較した上で、強化を検討すべきこと**のひとつです。マーケティング費用が限られている場合がほとんどだと思いますが、マーケティング担当者はすべての施策の効果を俯瞰的に見た上で、場合によっては自分の担当するマーケティング費用を削ってでも、（もしかして他部署が管轄しているかもしれない）流通販促費を増やしたほうが、売り上げ増に効果的かもしれません。

? 値引きをするべきか

値引きは、たしかに効果的な販売促進です。価格を下げるだけで、製品・サービスの売れ行きが目に見えてよくなることも多くあります。ただそれは、あくまでも短期的にしか効かない、繰り返すほど効果が弱くなっていく、長期的には自社の製品やサービスのブランドや収益性を下げていく、「麻薬」です。

１００円の商品を10円引いたら、10円分利益が減る――それが値引きです。企業側にとって「10円分利益が減る」というのは、決して小さくない「犠牲」ですが、消費者にはそこまで理解されません。つまり**値引きは、なくなる利益に比べて消費者に対するインパクトが圧倒的に小さい**、と考えたほうがいいと思います。

マーケティング担当者は、いかに値引きをせずに継続的に売れる仕組みを作るかということに、頭を使うべきでしょう。**「値引きをしないのが美学」**と考えたほうがいいと思います。値引きが販促の主体の製品やブランドは、間違いなく長続きしません。

もちろん、値引きをしなければいけない場面はあります。たとえば、競合が値引きしてきたら、こちらも価格面で不利にならないために、追従して値引きするしかない、という場合もあります。

値引きをする際に重要なのは、その効果を調査などで事前に理解しておくことです。本当に全国的な値引きが必要になる前に、この店舗では50円、あの店舗では１００円、別の店舗では70円などと、店舗により、または流通により値引きする金額を変えてテストをしてみましょう。その売れ行きによって、どのくらい値引きをすれば、どのくらいの売り上げ増の効果があるのかというＲＯＩ[*]がきちんと把握できるので、利益を最大化できるような、値引き額ややりかたを理解しておけるのです。

クーポンなどを打つことが多い外食やドラッグストアなどでは、常にテストをしています。たとえば30円引き、50円引き、70円引きという3種類のクーポンを用意して、違う消費者のスマートフォンアプリに表示したり、違うエリアで違う額の値引きを行うなどして、ＲＯＩが高い値引き額を割り出してから、実際に全国で行うべきクーポンの金額を決めるのです。

値引きによって変わる売り上げと利益を事前にテストしておくことで、売り上げまたは利益の効果を最大限にする最適な値引き額が割り出せますが、景気や競合の状況によって、その最適な金額は変わってきます。なので、値引きのテストは、恒常的に行っておいて、いざという時に備えておくのが大切だと思います。

? 流通対策としてのチラシ

新聞の「折り込みチラシ」は古いメディアの代表格と言えるでしょう。人々がインターネットでニュースを見るようになってきたこともあり、新聞自体の発行部数が落ち続けている以上、チラシも間違いなく衰退していくと思います。

ただし、今この瞬間は、チラシと同様の効果があるメディアはありません。特に、新聞を購読している、ある程度以上の年齢層には、デジタルメディアを見ない方も大勢いらっしゃいます。なので、どんなにマーケティング担当者がチラシをやめたいと思っても、なかなか代替策がない状況なのです。

また、一般紙の折り込みチラシ以外にも、さまざまな宅配の紙メディアがありますが、一般紙の折り込みチラシほどの効果のあるものはまだ存在しないようです。チラシにはスマートフォンのアプリや他のメディアでは代替できない効果があるのです。

チラシは「流通対策」としても有効な場合があります。チラシを新聞に入れたりすると、「チラシを打つから、店頭に山積みしてください」という具合に、流通との交渉に使え、結果、店頭でいい場所に置いてもらえることがあります。「テレビ広告を

＊　Return on Investmentの略。投資利益率。

入れるので、店頭に山積みしてください」というのと同じ論理です。

繰り返しになりますが、店頭での露出はとても重要です。チラシや広告は、それを確保するために効果のある手法のひとつでもある、と言えるでしょう。

たとえば、アキタフーズの卵「きよらグルメ仕立て」のテレビCMはX JAPANのYOSHIKIを起用した印象的な広告でした。そもそも卵のCMは珍しいし、ましてやあのYOSHIKIが出演しているということで、スーパーマーケットなどの店頭で、「きよらグルメ仕立て」の露出が圧倒的に増えました。それによって売り上げが跳ね上がったわけですが、それは広告が購買に効果があったというよりも、「広告露出により、店頭での露出が増えた結果として、売り上げが伸びた」と考えるほうが、状況を正確に表しているのではと思います。

ポスティングでチラシを配布するのも、業界や製品・サービスによっては、それなりに効果があるでしょう。ただ、ご自分の行動を思い起こしたらわかるように、ほとんどの場合、ポスティングのチラシはそのままゴミ箱行きです。ポスティングがものすごく有効だったら、どの企業もやっているはずなのです。なので、**ポスティングは他に広告を打つオプションがあまりない、地域密着とか地域限定の製品・サービスを販売する会社のための手法**と言えるでしょう。

Chapter 10

絶対原則

ブランドイメージを考えて、
「どこで売られているか（いないか）」を決める

他の流通で販売している製品を
自社サイトで販売しようとしても、成功しない

OEM販売は、マーケティング的には無意味

流通販促費とマーケティング費用は、
並列で投資効果を検討する

いかに値引きをせずに継続的に売れる仕組みを
作るかを考える

収益を最大化する値引きの額や手法を、
常に準備しておく

Hikaru Ray Adachi

Tomohiro Doai

PART

3

Consumer
Communication

消費者コミュニケーション

Chapter 11

ADVERTISING

第11章

広告1：良い広告とは

売り上げまたは利益の最大化を目指すマーケティング担当者にとって、広告は必須の手段です。「誰に、何を訴求して、売り上げを最大化するのか」ということを明確にしないと、いい広告を作ることはできません。「戦略的な思考」と「クリエイティブなジャンプ」の両方を携え、アイデアをまとめていきましょう。

良い広告のポイント

広告の最も一般的な目的は「売り上げの最大化」です。「認知を広げたい」とか「ブランド名をとにかく覚えてもらいたい」とか、いろいろな言い方があるでしょうが、要は、売り上げを伸ばしたいわけです。

広告はブランドや製品・サービスについて、そのすべての内容を発信する行為ではありません。当たり前の話ですが、たくさん言いたいことや特長がある中からぎゅっと絞って、重要なことだけを消費者に伝えるものです。何でもかんでも発信することが広告だと思ったら大間違いです。

ひとつの広告で伝えることのできるメッセージは、せいぜいひとつか2つです。**メッセージをそのひとつか2つに絞ることが、マーケティング担当者の重要な仕事です。**絞り込みの基準は、当然ながら、消費者インサイト（心を動かすポイント）に基づいた製品・サービスの便益になります。

ただ、既存のユーザーの購買や利用の頻度を増やす場合と、新しいユーザーに訴求する場合では、広告のメッセージや表現が変わってきます。たとえば、映画なら「たくさん見る人」と「たまにしか見ない人」とでは、俳優や監督が刺さるのか、ストーリーや映像が刺さるのか、心を動かすポイントがぜんぜん違うわけです。なので、単に「売り上げの最大化」ではなく、マーケティング担当者は「誰に、何を訴求して、売り上げを最大化するのか」というところまで明確にしておかないと、いい広告を作ることができません。

新発売ではない限り、広告する製品やサービスには必ず、それを「すごくいっぱい使っている人」「たまに使っている人」「使っていない人」「名前も知らない人」がいます。少なくとも、そのうちの誰に向けた広告なのかをはっきりさせておかないと、広告を作るプロセスですごく方向性がブレることになります。

また広告は、常に他の大量の広告の中で視聴され・評価されます。単体で見たときにどんなにおもしろい広告でも、いろいろな情報の洪水の中で、自社の広告を認知してもらうには、印象に残るような「インパクト」とか、見た時に何らかの感情に刺さるような「違和感」が不可欠です。

広告アイデアの作り方

広告を開発する際には、「戦略的な思考」と「クリエイティブなジャンプ」の両方がとても重要です。左脳思考（論理的）と右脳思考（直感的）といった言い方もありますが、その2つがないと、良い広告は開発できません。

「何を、誰に、いつ、どこで」伝えるかといったことは論理で考えたほうがいいでしょう。それに対して「どのように伝えるか」に関しては、普通に伝えたら何の印象も残らないので、クリエイティブに考えたほうがいいわけです。

戦略的な思考の基本は、「一般の消費者と、どれだけ同じ感覚を持てるか」という

ことです。つまり、これを伝えれば、ごく普通の消費者が買いたい、ほしい、見たいなどと思うだろうと感じるであろうことを、企業側ではなく、消費者側の視点で考えたり調査したりして導き出すのが重要です。企業が伝えたいメッセージが、必ずしも一般の消費者の心に響くとは限りません。

一方で、**絞ったメッセージをどう伝えるかには、クリエイティブなジャンプが求められます**。情報の洪水に埋もれないために、広告にはインパクトが不可欠です。消費者に「えっ、こんなふうに！」というような驚きや、見た時に心に引っかかるような違和感を作り出す必要があります。

ただ、全国的に販売するようなマスの製品やサービスの場合、インパクトを追求しすぎて、一部の人にしか伝わらない広告になってしまっては意味がありません。つまり、ターゲットが広い製品やサービスは、たとえば、地方の路線バスの運転手さんや農家の人にも「これはおもしろい」「これはいい」と感じてもらえるような、広く訴求できる広告がいいわけです。

マーケティング担当者が普通の消費者と同じ感覚を忘れてしまい、インパクトだけを追求してしまうと、たとえば、港区とか渋谷区のカタカナ職業の人にしか理解できないような広告になってしまうことは、意外とよくある間違いです。

もちろん、どう伝えるかについては、ターゲットと製品・サービスによって、その「わかりやすさ」が変わってきます。たとえば、訴求したいのがおじいさん・おばあさんなのか、20代の若者なのかという違いで、広告のメッセージや表現が変わってきます。「みんなにわかる」にこだわりすぎると、おじいさん・おばあさんにとっても20代の若者にとっても、インパクトのない広告になってしまいかねません。

ケース・バイ・ケースといえばそれまでですが、年齢層や特性など、ある程度絞られたターゲットに向けた製品やサービスの広告では、「みんなが理解できなくてもいい」と割り切って、クリエイティブなジャンプを追求したほうがいい場合もあります。「見てもわからない・響かない」人が多くいるような広告は、そのぶんメディア費用が無駄になるかもしれない、と割り切らなくてはいけませんが。

多面的な情報を伝える

製品・サービスに対する消費者の「関与度」（関心や興味の度合い）の高い・低いによって、広告で伝えるべき情報の質や量も変わってきます。**関与度が高い製品・サービスほど、多面的な情報を広告で伝えなければなりません。**

ペットボトルのお茶のような少額の製品・サービスは一般的に関与度が低いと考えていいでしょう。消費者は、この値段だったら、一回買ってみてダメだったら次に買わなければいいと、大きなリスクなしに試し買いができます。なので、関与度が低い製品・サービスの広告は、消費者が「あっ、これおいしそう」とか「ちょっと飲んでみよう」と、瞬間的に思えるようなシンプルなインパクトがあれば十分なわけです。

一方で、たとえば自動車や映画は、そうした試し買いができません。なので、消費者が広告を見て、瞬間的に「いいな」と思っても、実際に買うまで、見るまでには、さらに「検討」の時間を要します。実際にその自動車を買った人、その映画を見た人の評価を見たりもするでしょう。自動車は高額で、映画は貴重な時間を2時間も使うので、当然ながら慎重になります。つまり消費者は、自動車や映画のような関与度が高い製品・サービスの購買を決定するまで、多面的な情報を求め続けるわけです。なので、広告もそうしたニーズに応える必要があります。

この際には、違うポイントを伝えることと、同じポイントを別の人がいろいろな言い方で伝えていくこととの「組み合わせ」が最も効果的です。消費者は、ここもいい、あそこもいい、この人もいいと言っている、あの人も褒めている、だったら買ってもいいか、見てもいいかと、購買意欲が高まるわけです。

実はこれまでは多くの企業で、こうしたやり方は伝えたいことが分散してしまうので、良くない広告とされていました。たとえば、P&Gやコカ・コーラでも重要なことをひとつだけドンと伝えているのがいい広告、と考えられていたのです。

ところが映画のような業界では、むしろこうした「いろんなポイントを、いろんな人が伝える」分散型の広告のほうが成果を挙げています。これは映画が、日用品や飲料とは、圧倒的に消費者の関与度が違うからなのです。

映画では、たとえば「カンヌ映画祭で審査員全員が絶賛した」「アメリカで興行成績が1位だった」「全米の消費者満足度ランキングで1番だった」「こんな有名俳優が出ている」「前作もすごい」など、いろいろな情報を伝えることで、消費者は「やっぱり見ておくべきだ」となるわけです。

自動車の広告もそうでしょう。「燃費がいい」「安全性が高い」「奥さんや子どもがいるなら広いほうがいい」など、いろいろな情報を伝えます。関与度が高い製品やサービスについては、消費者が自分自身を説得させるために、多面的な情報を伝える広告でなければ、効果が上がらないのです。

どの順番で、いつ伝えるべきか

多面的な情報を伝える時には、どんな順番で、いつ、何を伝えるかという「コミュニケーションのデザイン」が重要です。

最初のコミュニケーションでは、些末《さまつ》なことを発信してはダメです。まず「最も興味を持ってくれる情報」を伝えなければいけません。映画の場合は、誰もが興味を持つ「ストーリー」や「主人公」についてが一番はじめの発信で、その後に「実は脇役でこんな人が出ている」とか「撮影秘話」といった少しマニアックな情報を発信していくわけです。

あるいは、ヘビーユーザーにはA、ミドルユーザーにはB、ライトユーザーにはCなど、違うターゲット向けに訴求するポイントを変えていくことも必要です。

今は多様なメディアがあり、たとえば、先にPR、次にソーシャルメディア、最後はマスメディアと、時間差で発信することもできます。なおかつ、どのタイミングで、どれくらいの時間、どのように、何を伝えるかということを、メディアごとに変えることもできるわけです。

もちろん、すべてのメディアで一定の期間、同じような情報を同じようなタイミングで、集中的に発信するという従来のコミュニケーションを、いまだにやっている企業も少なくありません。でも、誰に、どの情報を、どんなタイミングで、どのメディアから伝えるかというコミュニケーションのデザインが、昔よりも格段に実行しやすくなっているのですから、そうした設計をきちんと考えたほうがいいと思います。

? トンマナで関係性を作り出す

メディアが格段に増えて広告に接する機会が増えた最近の若い消費者は、初めて製品・サービスの広告に接した時に、**「私に関係ない」と感じてしまうと、以後、ずっと広告を「素通り」する（目の前に流れていても意識に入らない）傾向が強い**です。その拒否反応を後からひっくり返すのはすごく難しいので、多面的な情報を発信する場合には、とりわけ最初のコミュニケーションに注意する必要があります。

まず「私に関係あるもの」と思ってもらわないと、その後にどんなに情報を提供しても、見てくれません。しかも、次の情報に触れた時に、「あっ、やっぱり私に関係あるものかも」と肯定的にとらえてもらえればいいのですが、そこでまた「私には関係ない」となると、その後、どんな広告を伝えても素通りされてしまいます。

「私に関係がある」ものかどうかを判断する基準は、やはり広告のトンマナ、つまり全体のセンスや雰囲気です。若い消費者が共感してくれるようなトンマナでなければ、最初から若い消費者は広告を素通りしてしまいます。

多面的な情報を発信するということは、当然ながら、キーになっているコピーなど、メッセージが変わっていくということです。なので、別の情報を発信するときにトンマナがそれまでと変わってしまうと、これも素通りされてしまいます。

トンマナがぶれると、若い消費者はたちまち「私には関係ない」となって見てくれません。多面的な情報は、同じように見えて違うという、「同じ」トンマナと「違う」メッセージの組み合わせでなければ、かえって逆効果になってしまうわけです。

常に受け手に同じような印象を与えながら、メッセージだけが変わっていくというのが、多面的な情報を伝えるいい広告です。それを担保するのがトンマナなのです。

見てもらうには導入部分が重要

広告は「導入部分」がとても大事です。最初に聞く・目にするコピーやビジュアルは、ほとんどの人が見てくれます。でも、そこで「興味がない」となると、その後はすべてスルーされてしまいます。なので、広告の導入部分に関心を引くようなインパクトを持ってきたほうが確実です。

雑誌広告でいえば、大見出しや最初のビジュアルに興味を持ってもらえなければ、説明部分は読まれないし、テレビCMなら、冒頭にインパクトのあるシーンがないと、見続けてくれません。

オンラインの動画広告には「スキッパブル」と「アンスキッパブル」という2種類があります。ご存じのように、スキッパブルの広告は数秒で消費者がスキップできてしまいます。なので、昔のテレビCMのように「山場」が後半にあったりすると、スキップされて何も伝わらない危険があります。すでにさまざまなデータで証明されていますが、同じ内容を伝えるにしても、冒頭の数秒間に山場を持ってきたほうが、完全視聴（最後まで見てくれる率）や広告認知の数字が高いのです。

なので、オンライン広告では、スキップされるかもしれないことを前提に、インパクトの山を冒頭だけでなく、数秒ごとに複数作るといった設計が必要になります。**テレビCMにしろオンライン広告にしろ、消費者は「見てくれない」ことを前提に企画を考えることが重要**です。つまり、昔以上に「どうしたら見てもらえるか」をしっかり考えることが現代の広告づくりの原則のひとつといえるでしょう。

きちんと効果を測定して、繰り返し伝える

資金や時間の制約はあるでしょうが、実際に広告を流す前に、「その広告に効果があるかどうか」の測定をしておくべきです。少なくとも「ちゃんと（製品やサービスの）名前を覚えてくれたか」「購入・利用したくなったか」という点については、企画の段階で確認しておくと、「効かない広告を大量に流す」という間違いを回避することができます。

オンラインの場合は、広告を出稿したあとの実際の反応で、問題点を見つけて改善していくことができるので、厳密に調査してからスタートする必要はありません。その意味では、オンラインの広告を、テレビCMの絞り込みに使うこともできるのです。

そして**消費者コミュニケーションの基本は「繰り返し伝える」こと**です。広告に限った話ではありませんが、情報の受け手は送り手ほど真剣に見たり聞いたりしていないので、一回見ただけで何かを覚えてくれる、ということはあり得ないのです。

マーケティング担当者が「これ、しつこいんじゃないか」と思うくらい繰り返さないと、消費者の頭の中には何も残らないと考えたほうがいいでしょう。広告の効果を上げるためには、大切なことほど、繰り返し伝える必要があります。

Chapter 11

絶対原則

ひとつの広告で伝えることのできるメッセージは、
せいぜいひとつか2つ

広告には印象に残るような「インパクト」や、
見た時に感情に刺さる「違和感」が不可欠

広告には「戦略的な思考」と
「クリエイティブなジャンプ」の両方が重要

関与度が高い製品・サービスほど、
多面的な情報を伝える

トンマナで、消費者に
「私に関係あるものかも」と感じてもらう

重要な情報は「これ、しつこいんじゃないか」と
思うくらい繰り返して伝える

足立×土合

COLUMN 03

日本の広告とアメリカの広告の違い

足立　土合さんと私のキャリアは外資系企業からスタートしています。日本企業の広告と外資系の広告の違いを、やはり感じますよね？

土合　そうですね、特にアメリカとはすごく違います。米企業のマーケティングのコミュニケーションの基本は、「ブランドのコア価値を伝えていく」ことです。つまり、「うちのブランドは素晴らしい」という前提に立っているわけです。だから、米企業はブランドの良さ、いいところを磨いて、ブランドそのものがより一層輝くように広告を開発していきます。一方、日本の広告は「ブランドはそれほどでもないけど」という前提に立っているケースが少なくありません。多いのは、広告する製品・サービスの近くに光っているものを持ってきて、その製品・サービスが輝いて見えるようにする、というやり方です。

足立　「セレブリティ広告」が最もわかりやすい例でしょう。日本では、

有名タレントなどに商品を持たせて、何となく「あれ？　商品も光ってる！」と思わせるようなテレビCMが非常に多い。海外のセレブも広告でよく見かけますね。

土合　残念ながら、実際に輝きが鈍いブランドというのもあるわけです。その場合には、セレブリティ広告は、もちろん、正しいやり方だと思います。ただ日本とアメリカでは、受け手のとらえ方の違いが大きいのかもしれません。つまり、アメリカ人は自分の内面にとても強固なものがあって、「誰が何と言おうと、それは輝いている」と思う傾向が強くて、日本人はその逆で、内面にそれほど強固なものがなくて、「みんなが輝いていると言っているから、それは輝いている」と思う傾向が強いのかもしれません。

足立　アメリカに比べて日本のほうが一般的にブランドの歴史や寿命が短いというのが、日米の企業のブランド観の違いと、日米の消費者のブランド観の違いの前提にあると思います。日本はアメリカに比べてブランドのサイクルが速いですよね。焼き畑農業のように、どんどん新しいブランドを出していく。たとえば、自動車。日本車はどんどん新しいブランドが出てきます。80年近く続く「Ｊｅｅｐ®」のようなブランドはごくまれです。日清の「カップヌードル」のように歴史がある製品やサ

ービスは多くはありません。その意味では、アメリカに比べて日本はロングセラーのブランドが少ないと言えるでしょう。

土合　セレブリティ広告の話でいえば、実はセレブ自身もブランドですよね？

足立　そう、彼らにとって自分以外のブランドの広告に出ることは、自分のブランドの価値を相対的に下げかねません。だから、有名セレブは地元のアメリカでは、基本、テレビCMに出ません。日本の広告に出るのは、主戦場であるアメリカの市場に対して、影響が少ないからです。

土合　本来、企業のブランドが輝いていたら、わざわざ光っているセレブを使う必要はないということでしょう。そのブランド自体の輝きを際立たせたほうが消費者に伝わりやすいので、別のイメージや情報が付加されてしまうセレブは、むしろじゃまになるので、そもそもセレブを使う意味はありません。でも日本では、相変わらず、セレブの輝きを借りたほうがブランドの輝きも伝わりやすいという状況です。セレブが出てくることで、「これは使い捨てじゃない、本格的なもの」と、送り手も受け手も安心できるという感じです。

足立　日本では、テレビCMに出ることがタレント自身の価値を高めるという面もあります。資生堂の広告などは、それに出ることが「登竜門」

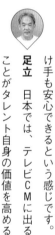

になっていたりしますよね。日本だけじゃなくて、アジアは全般的にセレブリティ広告が盛んです。もちろん、外資系でも例外はあります。たとえば、シャネルの広告塔は、昔から女優の登竜門でしょう。

土合　例外があるとはいえ、やはりその辺の事情は、日本企業と外資系企業はだいぶ違いますよね。それは、ブランドの作り方の問題なのか、広告の作られ方の問題なのか、あるいは、そうした広告が結果的にブランドをそういうふうにしているのか。外資系のブランドマネジャーは、広告のあり方、「このブランドの価値は、本当は何だ?」というようなことを、しつこいほど突き詰めて考えますよね。なぜなら、それがないと広告が作れないから。でも日本では、そこを突き詰めなくてもいい。今はやっている人が広告に出てくれれば、一応、広告担当のマーケターは「及第点」をもらえるわけです。

足立　「広告代理店がセレブリティ広告を提案してきたとき、どうすべきか?」という、この本の読者が直面しがちな問題ですね。

土合　企業のブランドやその製品・サービスが輝いている、ユニークで差別化されて魅力的なものであれば、タレント（セレブリティ）はいらないと思います。でも、輝きが弱かったらコミュニケーションのアテンションや信頼の強化にはなるし、輝き

がまったくなかったら、むしろ必要ですよね。もちろん、日本の場合ですが。なので、自社のブランドやその製品・サービスの輝きを担当者がしっかり見極めることが、まずは大切でしょう。

足立　私はどちらかというと、セレブリティ広告に対しては否定派です。本来、タレントは製品・サービスにとって「余計な情報」です。なので、広告に対する認知は取れるけど、製品やサービスの便益の訴求にはマイナスと考えたほうがいいと思います。つまり、「見てもらう」という意味では有効ですが、たとえば、化粧品のセレブリティ広告を見た人が「このタレントはこの化粧品を使っている。だからいい化粧品だ」とは、決して思わないということです。それに、光ってるタレントほどいろんな業界の広告に出演しているので、セレブリティ広告は「差別化」にもならないと思います。

土合　たしかに、昔と違って今は、多くの人が広告の「裏側」を知っていて、消費者は「これどうせ、広告だよね」という見方をしている。それを前提でセレブリティ広告も考えたほうがいいでしょう。

足立　ゲームアプリのキャンペーンで今人気のアイドルグループのメンバーに出演してもらうと、たしかに爆発的に認知が上がりました。けれども、それで製品の魅力が訴求でき

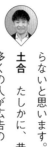

てダウンロードにつながるかというと、とても微妙なんですよ。人気タレントを起用するのには「大金」がかかります。なので、本当にそれが必須なのかは、よく検討する必要があります。多くの場合、人気タレントを広告に使わないほうが投資効果的にはベターという結論になると思いますね。人気タレントはサイクルも速いので、ブランドの一貫性を保つためにも、使わないで済むなら、その方がいいでしょう。

土合　たしかにセレブなしで、できるのであればそのほうがいいですね。ただ私はそこまで否定的ではありません。コミュニケーションの効果を押し上げる要素として、広告に使えるものは、何でも使ったほうがいいと思います。

足立　いずれにしろ、「このタレントじゃないと成立しない広告」というのは、継続性や再現性がないのでやらないほうがいいでしょう。また、ブランドの一貫性を重視するなら、すでにブランドイメージが確立していない限り、今この瞬間だけが旬というようなタレントは広告では使わないほうがいいと思います。そのタレントのイメージがブランドのイメージになってしまうので。

Chapter 12

ADVERTISING AGENCY

第12章

広告2：広告代理店との付き合い方

いい広告を作るにはパートナーである広告代理店との良い関係を築いていくことが重要です。近年はメディアも増えているため、各メディアの特長や長所・短所を知り尽くし、各メディアを通した横串で広告の効果・効率を測定できるスペシャリストを社内で育成する必要も出てきています。

? 広告代理店を選ぶ前に考えること

実際の広告制作は、ほとんどの場合、広告代理店に依頼します。そして、クリエイティブの担当者が企画・製作するわけですが、基本的にクライアントが要請するレベル以上の広告ができるということはあり得ません。つまり、いい広告ができるかできないかは、そのブランドや製品・サービスの力と、クライアント側のマーケティング担当者の力量にかかっているわけです。

最近の広告が良くないからと、広告代理店側の担当者を替えたり広告代理店そのものを替えたりというのは、よくある話ですが、あまりおすすめしません。ブランドや製品・サービスの理解、そしてクライアント側の思いや考え方の理解は、一朝一夕には得ることができないし、それを理解してもらわなければ（特にクリエイティブに）、なかなかいい広告はできないからです。

ただ、**個別の代理店選びの前に「本当に広告代理店が必要なのかどうか」を考えるべき**でしょう。「誰に、どんなメッセージを伝えたいのか」が明確になっていれば、「今回は広告代理店ではなく、ＰＲ会社のほうがいい」といった判断もできるはずです。社内に適切なメンバーやデザイナーがいて、そんなに品質や調整を必要としないものなら、すべて内製する、というオプションもあります。

たとえば、予算の関係などで、マスメディアを使わない（または少量の）キャンペーンが前提になる場合も少なくありません。もちろん、話題化しなければ、なかなか売れません。その場合なら、まず相談するのは、広告代理店ではなく、「ツイッター」です。どの時期にどういう話題を起こしたいから、どういうキャンペーンが適切かをツイッターと討議して決めて、そのクリエイティブを広告代理店に依頼するという順番になるわけです。

一般的な構造は、総合的な広告代理店の中にデジタルメディアの部署があって、そのオプションのひとつ（デジタルメディアのひとつ）がツイッターという構造でしょう。それに対して、先の例はいわば逆向きで、ツイッターの先に広告代理店があるかたちです。

何も投資の大小の話ではありません。投資対効果を最大化するためには、「誰に、どんなメッセージを伝えたいのか」という戦略の面から、ＰＲ会社だけでいい、オンラインメディアのエージェンシーだけでいい、やはり総合広告代理店がいいといった柔軟な判断が必要なのです。

こうしたことを踏まえた上で、広告代理店に関して、いくつかポイントを挙げていきましょう。

最適な広告代理店を選ぶために

まず、どういう広告代理店を選んだらいいのかです。ありがちなのは、とりあえず何でもできる大きな広告代理店を選んで、営業担当者にいろいろなお願いをして、プランナーやクリエーターをつけてもらって、さまざまなメディアで広告を展開してもらうというやり方でしょう。

いわゆる「お任せ」ですが、総合的な代理店というのは、たしかにPRやオンラインなどに特化している専門的な代理店と違って、何でもやってくれます。ただしその分、料金が少し高いわけです。しかもひとつひとつの施策に関する知見や経験は、専門的な代理店よりも低いかもしれません。また、組織が大きい分、融通が利かない可能性もあります。

それでも総合的な広告代理店を選ぶ企業が多いのは、これまでの経緯もあるでしょうが、クライアント側の企業の方針として、ソーシャルメディアからマスメディアまで全部のメディアで広告を出すということが決まっているからだと思います。また、いちいち専門的な代理店やクリエーターを選んでいる時間的な余裕が企業側にない、という理由もあるでしょう。お付き合いする広告代理店やエージェンシーは少ない方が、圧倒的に効率がいいのは間違いありません。

でも本来は、**広告代理店を選ぶ正しい（というか理想的）基準は「会社」ではなく「人」**だと思います。プランナーやクリエーターが広告を作っているのですから、それは当然でしょう。

「誰に、どんなメッセージを伝えたいのか」によって、どのクリエイティブが最適そうなのかは変わってきます。たとえば、おもしろおかしいメッセージだったらこの人、お涙系のメッセージだったらこの人、社会派的なメッセージだったらこの人というふうに、最適な人を選んでいく。「この人にやってもらうなら、この広告代理店」という決め方が、やはり最も効果的だと思います。

人を見つけるには、同じ業界でも他の業界でもいいので、たくさん広告を見て、広告の専門誌などで誰が作ったのかチェックしたり、「こんな広告ができたらいいな」ということをやっている会社の方に聞くのが手っ取り早いと思います。

「これ、誰がやったんですか?」と、プランナーやクリエーターの名前を聞き出して、直接会って話してみる。その人が競合企業の「お抱え」ということもあるでしょう。でも、この瞬間は一緒に仕事ができないかもしれませんが、いつかはできるかもしれません。会って「いつかこんなことをやりたいですね」と話しておけば、財産にこそなれ、決して損にはなりません。

そうやって仕事をしているうちに、クリエイティブだけではなく、広告関連の方々との輪が広がって、たとえ自分では見当がつかなくても、「あの人に聞いたら知ってるかも」という人が自然に見つかるようになると思います。

また、営業担当者の信頼の部分も大きいです。この人に任せれば、正しくスピーディーに代理店社内にこちらの意図が伝達でき、先方の意図もフィードバックしてくれて、いろんな調整もこなしてくれるし、かならず予算以内に収める、という信頼はなかなか一朝一夕には確立できません。広告は大きな予算を使うものであり、また結構な細かい仕事もあるので、実は広告代理店の営業担当者との相性や信頼が、プロジェクトの成果を大きく左右します。

広告代理店との付き合い方

広告代理店は企業にとって、あくまでも「パートナー」です。決して「出入り業者」ではありません。勘違いしているマーケティング担当者が少なくないようですが、「とにかくやらせておけ」という態度では、間違いなくいい提案は出てこないでしょう。本当にいい広告を作ってほしかったら、広告代理店の担当者に対して、話し方から気をつかって、彼・彼女たちが楽しく前向きに仕事ができるようにしないといけません。それが、パートナーとして働くということです。たとえば、夜遅くに飲み会にいきなり呼び出したりしない、というのは人間としてとても大切なことだと思います。

特にクリエイティブの人たちには、気を遣いましょう。「どうやったら、彼・彼女たちが自分の会社のために、良い仕事をしたいと思ってくれるだろう」と考えて、実践してください。

ほとんどのマーケティング担当者は、自社のスタッフのモチベーションを上げることには一生懸命になります。ところが、他社のスタッフのモチベーションを上げることには無頓着です。「こっちがカネを払うんだから、一生懸命やって当然だろう」と開き直りがちですが、それは大きな間違いです。

たとえばレストランでも、同じ金額を払っていても、嫌なお客様にはぞんざいになるし、気持ちいいお客様にはいいサービスをするわけです。広告代理店も、サービス業なので、クライアントが要請する以上のサービスをしないのは当然です。最低限のことはやってくれますが、もし最低限以上のことをしてほしいのであれば、クライアント側がそういう「いいクライアント」にならないといけないのです。

クリエイティブ・ブリーフは成果を左右する

通常、広告の制作を依頼する際には「クリエイティブ・ブリーフ」という、いわば広告代理店への要請書を作成します。こちらの要請を文書にしておくことは、広告代理店向けだけではなく、社内で「何の広告を作るのか」の事前の合意にも役立つ、とても重要なことだと思います。なぜかといえば、「何をしてほしいか、何をしてほしくないか」を口頭だけでなく、文書にしてより明確にしておくことで、提案内容の精度が上がるし、「言った・言わない」ということも避けることができるからです。

当たり前の話ですが、広告代理店はクライアントの意向がわからないと、すごく広い範囲を考えてアイデアを提案することになります。クライアントの意向がより明確にわかっていれば、その範囲の中からアイデアを提案できます。同じ3案を提案するのでも、狭い範囲で考えたアイデアのほうがクライアントの意向に近いわけです。

フォーマットは広告代理店や企業によってさまざまですが、クリエイティブ・ブリーフの主な要素は、ブランドや製品・サービスのコンセプト、消費者のインサイト、売り上げ目標、マーケティングの戦略（その製品・サービスをどういうふうに売っていくか、この広告がどういう位置づけなのかなど）、キャンペーンの期間と出稿を想定するメディアなどです。

「広告の目的」という項目もあって、その広告で期待するターゲットの態度変容（どのように変えたいか）を書きます。そして、留意事項として、「これは必ずやってください、これはやめてください」といったことも書いておきます。

広告代理店側が読んで「これをしてほしい、これはしてほしくない」ということが明確に伝わらなければ、まったく意味がありません。なので、作成したクリエイティブ・ブリーフを提出前に見直す際には、必要な要素が全部入っているかを確認するのは当然として、ちゃんと要望が理解できるかどうか、それを初めて読むクリエイティブの人たちの気持ちになって読み返すことが大切です。

ただ、クリエイティブ・ブリーフに要望を書き込み過ぎると、クリエイティブの人たちの発想を極端に狭めてしまうし、かといって何も書かないと、提案時点で「えっ？お願いしていたのは、これじゃないんだけど」という大きな齟齬《そご》が生じるという点です。特に、「トンマナ」がますます重要になっている今日においては、どこまでトンマナやテイストにかかわることを書くかという、さじ加減が難しくなっています。

なので**クリエイティブ・ブリーフは、あくまでも大きな外枠、考えるスターティングポイントを提供するもの、あるいはクリエイティブの人への刺激やヒントとして作成し、細かい情報の羅列になったりしないように注意**しましょう。

本来的には、クリエイティブ・ブリーフ通りの広告（オン・ブリーフ）でなければ、採用されないのですが、クリエイティブ・ブリーフから外れた広告（オフ・ブリーフ）でも採用される場合があります。

その判定の基準は、オフ・ブリーフであっても、広告の最終的な目的を達成し、ブランドや製品・サービスの認知や売り上げの獲得という面で、他のオン・ブリーフの案よりよいのか、という点です。クリエイティブの人たちからの提案を通じて、「ああ、こうやって売ればいいいんだ」というストラテジー（戦略）が明確になったり、新しい気づきを与えてもらえて、結果的にその広告が採用されて認知や売り上げが伸びた、という例は珍しくありません。

クライアント側が気づかなかったことにクリエイティブの人たちが気づいたり、そのアイデアによって、逆にマーケティングの戦略が見えたりすることもあります。たとえば、広告制作の過程で、製品名が変わることもあるほどです。本来の順序は、先に戦略があって、その後がクリエイティブなのですが、逆にクリエイティブから、新たな戦略が生まれることもあるのです。

別の言い方をすると、おもしろいアイデアが思いつかない戦略には、意味がないということです。本当は、マーケティング戦略とクリエイティブを両方同時に進めていくのが理想かもしれません。

たとえば映画業界では、予告編やポスターがすごく重要なので、クリエイティブこそが戦略を作っていくドライバーだという考え方もあるほどです。それが難しい業界もあるでしょうが、少なくとも、「こんなことをしたらおもしろいかも」というクリエイティブ的なアイデアは、広告代理店などにお任せにしてしまうのではなく、常に戦略とセットで自分たちでも考えておいたほうがいいと思います。

クリエイティブ・ブリーフから外れた「オフ・ブリーフ」のよいアイデアを引き出すのは、マーケティング担当者の腕の見せどころでしょう。

先にも述べたように、「戦略的な思考」だけでは人の心を動かすようなインパクトのある広告やコミュニケーションは作れません。実は、クリエイティブ・ブリーフは企業側の「この人にこんなことを伝えたら、効果的だろう」という戦略的な思考（ロジック）の要約です。なので、そのロジックの枠に縛られ過ぎると、心に響くアイデアはなかなか出てきません。なので、もし自分たちでは考えつかないようなアイデアがほしい時には、「オン・ブリーフで3案、その他にオフ・ブリーフで、これはいけると思うアイデアがあったら提案してください」とお願いすべきでしょう。実際、マクドナルドではこのようなお願いをした案件がいくつかあり、結果としてオフ・ブリーフの案が採用されて世に出たこともあります。

「オン・ブリーフでなければダメ」と言い切ってしまうと、広告代理店のクリエイティブの人たちは、せっかく思いついた「これはいける」というアイデアの提案を「自粛」してしまいます。それでは、先に述べた「クリエイティブのジャンプ」の妨げになって、いいアイデアが出てこないし、クリエイティブの人たちの「やる気」を削ぐことにもなります。

いい広告を作るためには、ロジックよりも「感情」が大切です。消費者はロジックで広告を見るわけでも、製品やサービスを買うわけでもありません。「あっ、おもしろいな」とか「なんとなく、よさそうだな」とか、感情の部分で直感的に判断します。なので、クリエイティブの人たちがクリエイティブ・ブリーフのロジックではない、感情をベースにして考えたアイデアのほうが消費者の心に響く場合があるのです。

クリエイティブ・ブリーフについて、「無駄だな」と思う作業がひとつだけあります。フォーマットが広告代理店とクライアント側で違うと言いましたが、マーケティング担当者は自社のフォーマットで一生懸命作って、サインをいろいろな人からもらって、広告代理店にわたすわけです。すると広告代理店によっては、それを自分たちのフォーマットに書き直すのです。その作業だけで2週間くらいかかります。これはどう考えても無駄なので、初めからどちらかの会社のフォーマットに統一しておく、あるいは、事前に共通のフォーマットを一緒に作成しておくことをおすすめします。それぞれのフォーマットにこだわらずに、お互いにとって最も速くて、効率の良い仕事の進め方を工夫するようにしましょう。

? タレントのキャスティング

テレビCMなどに起用するタレントのキャスティングで、広告代理店からの提案に出てこない名前というのがあります。たとえば最近だと、のん（能年玲奈）。NHKの朝ドラ「あまちゃん」で大人気になりましたが、所属事務所の問題があって一時期、業界から締め出されていたようです。

ただ、「どうしてもこの人を使いたい」という場合には、直接タレント側とかキャスティング会社と交渉して、ある程度の確証を得てから、広告代理店に提案するというやり方があります。いわば玄人の頭越しにやることなので、必ずしも「正当」とはいえませんが、やはりクライアントが決定権を持っているので、他社が使わない独自のタレントを起用することも可能なわけです。気をつけたいのは、タレントから直接「大丈夫です」とその時は言われても、あとで「無理です」と変わることが、度々あるという点でしょう。

本当にいい広告を作ろうと思ったら、どんな人に出演してもらうかというのは、やはり重要なことです。「このタレントじゃないと成立しない広告」というのはおすすめしませんが、出演タレントの人選が伝えたいメッセージを強化することもあります。なので、マーケティング担当者には、出演者は「この人がいい」という明確な意見があったほうがいいし、関係者を説得できるだけの知識と人脈を作っておくことをおすすめします。

広告代理店とＰＲ会社の違い

この章の冒頭でも述べましたが、コミュニケーションの企画・制作に広告代理店を使わなくてはならない、ということはまったくありません。大手の広告代理店以外にもエージェンシーはたくさんありますし、実際「認知を上げる」という目的で、広告代理店ではなくＰＲ会社を選ぶ例も少なくありません。「どうすれば、この製品・サービスが売れるんだろう」と考え抜いた上で、コミュニケーションの核とするエージェンシーを決めるのが一番いいと思います。

ただし、ひとつのプロジェクトを、いろいろなエージェンシーに分割して依頼することは、あまりおすすめできません。ありがちなのは、テレビの広告はここに頼んで、新聞や雑誌はここに頼んで、オンラインはここに頼んで、PRやソーシャルメディアのコミュニケーションはまた別にと、分野によってエージェンシーを細かく使い分けるケースです。それでは間違いなく、メッセージやトンマナに一貫性がなくなります。加えて、依頼するクライアント側が各エージェンシーをすべてコントロールするのは、至難の業です。

コミュニケーションには一貫性が求められます。なので、どこか核となるエージェンシーを決めて、そこから広げていくほうがいいわけです。窓口を一カ所にするだけで、格段に一貫性を保ちやすくなるでしょう。

?「メディア全部」を見る人を育てる

近年はオンライン・メディアが急増したこともあって、とにかくいろんなメディアの人たちが、「うちはこういうメディアで、こういうユーザーが数百万人いて……」とマーケティング担当者に売り込みをかけてきます。いちいちお付き合いしていたらキリがありません。

ただ、よく知らないメディアについては、その可能性について比較・検討できないので、思わぬ「損」をする可能性があるわけです。なので、自社、あるいは広告代理店のメディア担当者でもいいのですが、オンライン・メディアもマスメディアも、**全部のメディアを横串で見て、「じゃあ、この目的のためには、どのメディアと何をやればいいんだろう」と、専門的に比較して考えられるメディア担当者がいたほうがいい**と思います。

メディアの種類や数が増えれば増えるほど、各メディアの特長や長所・短所を知っていること、各メディアを通した横串で広告の効果・効率を測定できることは、とても重要になってきます。もちろん広告メディアだけでなく、ツイッターなどソーシャルメディアのコミュニケーションにも精通していて、今この瞬間のメディアの全体像を描けるメディア担当者がいればベストです。

ただ現状としては、そうした人材は乱立しているオンライン・メディアの専門エージェンシーにもいないし、総合的な広告代理店にもあまり育っていないでしょう。マスメディアもオンライン・メディアもやっているという大手広告代理店は、オンラインメディアのほうの知見が案外弱いのです。なぜなら、オンラインの広告は、出稿額がマスメディアに比べて低い割に、いろいろな細かい作業があるため、大手広告代理店にとっては手間の割にあまりもうからないからです。

その意味では、自社でメディア全部を見るスペシャリストを育てたほうが話は早いかもしれません。

Chapter 12

絶対原則

ブランド・製品・サービスの力と、
企業側の担当者の力量で広告は決まる

達成したいことにより、
最適なエージェンシーは異なる

広告代理店は企業にとって、
あくまでもパートナー

広告代理店のメンバーの
モチベーションを上げることが、良い広告につながる

クリエイティブ・ブリーフの内容が、
広告制作のプロセスや成果を左右する

エージェンシーがオフ・ブリーフの
提案をできる余地を残す

INTERVIEW 3

クリエイティブとの最高の付き合い方とは?

TBWA\HAKUHODO
チーフクリエイティブオフィサー

佐藤カズー × 足立 光

日本を代表する広告クリエーターの一人であるTBWA\HAKUHODOのチーフクリエイティブオフィサー・佐藤カズー。国内外の数多くの受賞歴の他、マーケティング担当者から圧倒的な支持を誇ります。広告のトップクリエーターだからわかる、クライアントとクリエイティブの理想的な関係についてうかがいました。

Kazoo Sato

PROFILE

1997年Sony Music Entertainment入社。Leo Burnettを経て2009年TBWA\HAKUHODO入社。メディアの枠を超えたBig Ideaで、カンヌライオンズ金、CLIO金、D&ADイエロー、NY ADC金、文化庁メディア芸術祭など、これまでに200以上の賞を受賞。また2012年カンヌライオンズフィルム部門審査員、2017年カンヌライオンズプロダクトデザイン部門審査員をはじめ、デザイン、デジタル、プロモーションといった多領域にわたる国際賞の審査員をつとめる。2011年JAAAクリエイター・オブ・ザ・イヤー・メダリスト。2013年Campaign誌Japan/Korea Creative Person of the Year受賞。趣味は広告のパトロール。

足立　世の中で話題になるコミュニケーション、つまり、いい広告というのはどういうものでしょうか。最近では、女優・のんが出演して話題になったユニクロの「カーブパンツ」のテレビCMを手がけたカズーさんに、ぜひお聞きしたいのですが。

カズー　僕には2つ「矜持《きょうじ》」があって。ひとつは、必ずビジネスのゴールを達成すること。もうひとつは、その広告に触れた人の人生を1ミリでも前に進めること。自分がクリエイティブを提案するときは、その2つをとても大事にしています。なので、それができているのがいい広告ということでしょうね。自分の中での指標はこの2つです。絶対に誰かを不幸にするものはやりたくない。たとえば、誰かを中傷することで「おもしろい」と思わせようとしているものは、プロの仕事じゃないと思います。極論すると、その広告を見て、「死のうと思っていたけど、こんなおもしろいものがあるなら生きていよう」と思ってもらえるような、そういう力が広告にはあると思っています。

足立　ユニクロのCMで言えば、たしかに女性の背中を押すようなメッセージが強いですよね。そんなポジティブな広告を生み出すには、クライアント側はどうすればいいですか？　それができるクライアント、できないクライアント、いろいろ見てきたと思います。

カズー　相性と言えばそれまでですが、世の中に対する思いがクライアント側とクリエイティブ側で一致していないとダメだと思っています。企業の創業者って、物を売るだけじゃなくて、これをみんなに届けて社会をよくしたいというような大きなビジョンを持っていますよね。そんな思いを自分も持っているCMO*の方に会うと、やはり伝わってくるの

＊　Chief Marketing Officerの略。最高マーケティング責任者。

でうまくいきます。
足立　大事なのはクライアントのパッションということでしょうか。
カズー　クライアントから企画のオリエンテーションを受ける時に僕は、実は2つのことしか聞いていません。ひとつはビジネスゴール。それの製品やサービスをどのくらい売りたいのか。もうひとつは、それを誰に届けてどんなふうに幸せにしたいのか。その2つだけを聞くようにしています。もちろん、数字とかコンセプトとかが書いてあるクリエイティブ・ブリーフをいただくので、ひと通りは見ます。でも、最後に残るのは、ビジネスのゴールと、ターゲットをどう幸せにしたいのかというクライアントの思いだけです。それにクリエイティブという輪郭を与えて世に送り出すというのが僕の仕事だと思っています。
足立　もちろん、クリエイティブ・ブリーフがいらないという意味ではありませんよね？
カズー　それはクリエイティブにとっていわば教科書で、「ToDo」がロジカルに整理されるという意味ではとても重要です。ただ、最終的に通る案というのは、クライアントの意思決定者の「思い」と一致するものです。なので、意思決定者の方と心中する必要があって、その人のパッションがどこを向いているのか、その思いを聞き出すことが一番大事だと思っています。競合オリエンの時には、オリエンテーションが終わってから意思決定者の方に必ず会いに行って、直接、その方の話を聞くようにしています。営業任せとかにはしていません。すると、ここまでデカいことを考えているんだとか、ピュアに人を感動させたいんだといった感情とか、逆に外していいポイントとかも見えてきます。クリエイティブ・ブリーフをきっちり守ると、何もおもしろいことができないという場合もあるじゃないですか。なので、その面談での情報がその後の企画にとても大事になってきます。実は、意思決定者の方に直接お会いして話が聞けることを、競合プレゼンの条件にしているほどなんです。

足立　ということは、マーケティング担当者は自社の最高責任者のこの企画にかける思いだとか、人柄みたいなことをクリエイティブの人にちゃんと伝えることが大事ということですね。

カズー　パッションとビジネス、両方が大事だと思います。その製品やサービスに大きな金額を投資する以上、既存品ならどれくらいの前年比だとか、新商品ならシェアの目標とか、競合はどこと考えているのかとか。今は、同じカテゴリーじゃない企業を競合と考えてる場合も結構あるので。

足立　アップルなんて、もうカテゴリーがないですからね。そういう企業が多くなってきています。逆に、ダメなクライアントのポイントも教えてほしいのですが。

カズー　そうですね。では、その1。ステー

クホルダーが多いこと。関係者がずらっと会議に出てきて、あれこれ意見をいっぱい言うけれども、お互いの意見に必ずしも一貫性がないのにもかかわらず、ぜんぜん決めない。大量のフィードバックをもらった我々は、

「じゃあ、どうすればいいの？」と、本当に困ってしまう、最悪なパターンです。その2は、自分の意思とかパッションとかを持っていなくて、上に嫌われないために政治的な意思決定をするマーケティング担当者。これがけっこう多くて。僕が一緒に仕事をしていいなと思うのは、やっぱり、プレゼンで「オレは絶対これやりたいんだよ！」と、クリエイティブと心中するつもりで上とケンカしてくれるタイプなんです。

足立　上を見て仕事をしちゃダメですよね。エージェンシーと一緒のチームになって、「これは行ける！」という企画を通すために、上を説得するというのが本当だと思います。

カズー　我々とやっている時には「いいっすね！」と絶賛していたのに、役員へのプレゼンで役員に「いいと思わない」なんて言われると、「僕もぜんぜんいいと思っていなくて

……」と、いきなり態度を変えたりする人もいるんです。それって本当に格好悪いと思います。間違っていてもいいから、自分の信じていることを追求してほしいですよね。

足立　皆さんを出入り業者のように、ぞんざいに扱う人はいませんか。

カズー　そういう方とは一切、お付き合いをしません。やっぱりクライアントと我々が「パートナー」じゃないとダメだと思います。僕たちはただの制作会社じゃないという自負もあるし、やることには最大限の責任を持ちます。お互いの相談を包み隠さず話し合える、クライアント企業の社員のような気持ちで接していますから。

足立　出入り業者扱いというのがダメなポイント、その3ですね。その4には、やたら、競合プレゼンをする会社、というのも入りそうですが。

カズー　そうですね。アメリカの事例を見ていると、企業は同じエージェンシーと3年とかの長い期間で、その中に成功も失敗もありながら、ひとつのブランドの輪郭を世の中に出していくんです。一方、日本は一案件ごとに競合プレゼンにかける悪いカルチャーができてしまっていると思います。ぜんぜん長期的じゃなくて、短期的にどう刈り取るかだけ。毎回競合プレゼンで、とにかく強い案を出したエージェンシーを単発で選択されるので、長期的な考え方を共有したり、深く相談し合ったりという関係ができないままなんです。やっぱりそれは良くないと思っています。

足立　大手のクライアントが作った悪しきカルチャーでしょうが、単発でエージェンシーを交代するというのは本当はよくないとわかっているはずなのに、何でいまだに変わらないのか、不思議といえば不思議です。

カズー　昔はそれがエージェンシーの営業のモチベーションになったのかもしれませんね。銀座で毎晩接待とか、バブルの時代には、クライアントの宣伝部長が家に帰ると５００万円の新車が届いていた、なんていう話も聞いたことがあります。それで30億の仕事が来たら安いという……。

足立　そんなことをしたら、今は捕まってしまいます。でも、毎回競合プレゼンというビジネス慣習だけは残っています。出入り業者扱いというのも、悪しき慣習でしょう。お金を払って何かをやってもらうというのは、支払う側ともらう側は対等な関係ですからね。本当はそこに、上下がないんですよ。

カズー　対等なパートナーで、関係が深くなれば、正式な打ち合わせだけではなくて、個人的にＬＩＮＥとかで、「これ、どうしようか？」という相談をしていただけるようになります。そのほうが、いい広告を世の中に出していけるはずですよね。

足立　ダメなクライアント、その5に「クレームを恐れすぎる」はありませんか？

カズー　批判って、されて当たり前ですからね。ＮＨＫの「おかあさんといっしょ」にだって批判がある。それなのに、ちょっとクレームが入ると「すぐお客様相談室に」とか「じゃあ、変えましょう」とか。どうしてこうクレームに弱い体質になってしまったのか。

足立　失敗を恐れてなかなか新しいことをしようとしないというのは、日本の会社にはありがちです。話題になるのとクレームになるのは表裏一体です。まったくクレームがなかったら話題になっていないんですよ。

カズー　話題ということでいえば、「二度効き」という設計が薄い企画は、僕の中では弱いものと考えています。たとえばその製品や

サービスについて最初に強い印象を残す役割がマス広告だとしたら、二度目はソーシャルメディアやイベントなどを通じて、もう一度効かせるという設計です。これはソーシャルメディアと、マスが逆でも構いませんが「二度聞かせる」でなく、「二度効かせる」ってのがポイントです。これらが話題作りやセールスドライブのポイントかな、と思っているんです。

足立　あえて最初の質問に戻ると、マスだけでもソーシャルメディアだけでもなく、いろんなタッチポイントを網羅して「二度効き」や「三度効き」をつくれるのがいいコミュニケーションの条件のひとつ、ということなのでしょうね。

Chapter 13

MASS MEDIA

第13章

TVなど既存のマスメディア

現在、メディアの種類は多様化する一方です。マーケティング担当者は、メディアを俯瞰的に見て、それぞれにどのような役割を担わせるのかというプランニングを実行すべき時代です。テレビをはじめとした既存メディアも単純に出せばいいというものではなく、明確な目標を掲げ、効果的に使いましょう。

? メディア選びの前提条件

メディア広告に関するプランニングについて説明する前に、念のため、メディアの種類を確認しておきましょう。

一般的にメディアの種類を大別すると①マスメディア。テレビ、ラジオ、新聞、雑誌があります。②オンライン・メディア。ネット上にあるすべてのサイトで、ツイッターやフェイスブックなどソーシャルメディアも含まれます。③アウト・オブ・ホームメディア（OOH）は、交通広告や看板、ポスターに代表されるような屋外広告です。さらに広い意味では、④店頭もメディアと呼んでいいでしょう。自社の店頭はもちろん、たとえば、スーパーやコンビニの棚もメディアというわけです。

マーケティングでは、①オウンドメディア（自社のホームページや広報誌、店頭など）、②アーンドメディア（テレビのニュースやツイッターの口コミなど、消費者の評判を無料で獲得できるメディア）、③ペイドメディア（有料のマス広告やオンライン広告、交通広告など）という分け方もします。

いずれにしても、これらの**メディアを俯瞰《ふかん》的に見て、それぞれにどのような役割を担わせるのか、ということがメディアに対してマーケティング担当者が考え、実行すべきプランニング**と言えるでしょう。

つまりその前提としては、これらのメディアのうちひとつのメディアを使うわけではなくて、「複数のメディアを使って、どれだけ効率よくリーチを取り、メッセージも伝えていくか」ということになるわけです。

どのメディアを選ぶべきか

注意してほしいのは、本来的には**メディア選定は、プロモーションやキャンペーンのプランニングの最後に決定する**ということです。

多くの企業では、直近のGRP*などを目安にして、早い段階でメディアの広告枠を買ってしまいがちです。たとえば「どんな広告であっても、新製品・サービスの発表のこの時期に、いくら分のGRPの広告を打つ」と決めている場合や、「複数あるブランドのどれかで広告を打つので、とりあえず広告枠を押さえる」というパターン（タイムと言われる番組スポンサーを行って長期的に広告を買うのはたいていこのパターン）です。しかし、何をどのようにコミュニケーションするのか、どんなメディアミックスが伝えたいターゲットやメッセージにとって最適かといったことを考えないまま、とりあえずテレビ広告の枠を押さえるケースは理想とは言えません。

もちろん、広告枠を買う締め切りの問題はあります。たとえば、テレビCMの枠は約2カ月前に買わなければなりませんし、ツイッターなどの広告枠もプロモーションの1カ月半前には押さえなければいけません。だから、多くの企業が、何をコミュニケーションするのかを決める前に、広告枠を買ってしまうわけです。

「この時期には、こういう人に対して、こういうことを伝えたい。だからこういうメディア」という順番でプランニングするのが、投資対効果はもちろん、クリエイティブの面からも正しいやり方なのです。だからたとえば、「新製品の発売前から、ネット上で話題を醸成しておきたい」ということが目的なら、テレビの広告枠を押さえておく必要はないわけです。

メディア側のスケジュールがあるので、常にこの順番でプランニングするのは実際にはそう簡単ではないでしょう。しかし「コミュニケーションの中身（ターゲットやメッセージ）がないままメディアを先に選ぶのは、決して正しくない」と認識しておくことは、とても大切だと思います。

何をコミュニケーションするのかとか、最適なメディアミックスを考えることなく、「新製品の発売時には最低これくらいのGRPを入れるべき」とか、「視聴率の高いあの番組に広告を入れるべき」という考えだけで、プランニングをした気になっているマーケティング担当者が少なくありません。たしかにGRPは大事です。でも、結果として思い通りの「量」を出したとしても、選択したメディアが伝えたいターゲットやメッセージに対してベストでなければ、無駄に投資をしているだけです。

＊　Gross Rating Pointの略。延べ視聴率。

メディア接触と購買までのプロセスを知る

メディアを効果的・効率的にプランニングするためにも、可能であれば、消費者のターゲット別にメディア接触と購買までのプロセスを調査したほうがいいでしょう。

ある製品・サービスを購入した人の購入までの実態調査をするわけです。たとえば「この製品・サービスのことを最初に知ったのは、いつごろで、どのメディアだったのか」「どのメディアで見た広告が印象に残っているか」「どのメディアで一番多く広告を見たか」「最終的に購入しようと決めたのは、いつごろで、それはどのメディアの影響か」といったことを理解することで、メディアにかかわるさまざまなことが見極められると思います。同様に、「その製品・サービスを知っているけど、買ったことがない・興味がない」という人にリーチしたいのであれば、そのターゲットが接触しているメディアの特長を確認しておくわけです。

こうした調査をしてみると、映画や自動車など消費者の「関与度が高い製品・サービス」と飲料や洗剤などの「関与度が低い製品・サービス」とでは、消費者のメディア接触と購買までのプロセスがまったく違うことがわかります。一般的に、関与度が高い製品・サービスは計画的に買われることが多く、関与度が低い製品・サービスは衝動的に買われることが多いのです。

関与度が高い製品・サービスでは、消費者は購買決定よりもかなり早いタイミングからその製品やサービスについての情報を調べはじめます。なのでこれらの製品・サービスでは、かなり早い段階からメディア広告を立ち上げなければなりません。数か月から半年、カテゴリーによっては1年前からコミュニケーションをはじめる場合もあります。一方、消費材のような関与度が低い製品・サービスでは、コミュニケーションの立ち上げはもっと遅くていいわけです。

また関与度が高い製品・サービスであっても、熱心なコアユーザーとそれほどでもないライトユーザーとでは、最初のメディア接触と意志決定のタイミングが違います。したがって、コアユーザーに対するメッセージとメディアはここ、ライトユーザーに対してのメッセージとメディアはここというふうに、ある程度分けてプランニングする必要があるわけです。そうしないと、広告の「無駄打ち」になります。

消費材のような関与度が低い製品・サービスの場合は、ユーザーによってメディアやメッセージを分ける意味はありません。逆に、分けるほうが「無駄打ち」になるでしょう。**消費者ターゲット別にメディア接触と購買までのプロセスを理解することで、**

こうした違いが見えて、その製品やサービスに応じたより有効なプランニングができるようになるわけです。

また、衝動的に買われることが多い関与度が低い製品・サービスでは、メディアとして「店頭」がすごく大事になってきます。たとえば、ペットボトルのお茶ならコンビニに特別なステッカーやPOPが張ってあるほうがいい。冷蔵庫での見え方も重要なので、その意味ではパッケージもメディアと言えるでしょう。

一方、関与度が高い製品・サービスは、それ相応の投資や時間がかかるので、計画的に購入されます。つまり、実際に買うずっと以前から、これを買おうと決めているわけです。なので店頭よりも、あれこれ検討している段階で接触するメディアが大事になってきます。

こうした消費者や製品・サービスの「特性」がある程度わかっていないと、メディアのプランニングはできないわけです。

フリークエンシーと認知率・購入意向率の関係

「広告をどれくらい見たら、消費者は買ってくれるのか」というのは、マーケティング担当者にとって重要な問題だと思うのですが、みなさん案外、ぼんやり理解したままでメディアのプランニングをしているようです。たとえばテレビCMで、「GRPが多いから、認知率や購入意向率もいいだろう」というような大雑把な話で終わっているケースが少なくありません。

当たり前ですが、一回広告を出しただけで100%認知が取れることはまずありません。広告は、消費者が真剣に見るものではなくて、流しながら見ることが多いわけです。テレビCMが流れた時にスマホを見たり、テレビ画面を見ていてもぜんぜん違うことを考えていたりしたら、流れた広告に接触していても、まったく覚えていません。覚えていないということは、見ていないのと同じです。つまり、一回だけ広告に接触しても、「ああ、これあった」と認知してくれるかどうかは非常に怪しいのが現実です。したがって、GRPと認知率や購入意向率は、必ずしも直結しません。

では、認知率や購入意向率を上げるためには、最低でも何回広告を出さなければいけないのでしょうか？　一般的には、「広告に何回か接触すると興味を持ちはじめて、興味を持ちはじめると買いたくなる」というプロセスにおいて、3回から5回、きちんと接触しないと買いたいと思わないといわれています。ただし、この「3回から5回」という数字は、製品・サービスのカテゴリーや消費者の特性によって、大きく違います。また同じカテゴリーであっても、ヘビーユーザーは1回で十分ですが、ライトユーザーや新規ユーザーは、何回も見ないとブランド名さえも認知してくれません。

なので、より効率的にメディアのプランニングをするためには、**フリークエンシー（視聴者が広告に接触した回数）と認知率や購入意向率の相関関係について、しっかり理解しておくことが重要**なのです。

調査の方法は、先に説明した消費者の実態調査と同じです。ある製品やサービスを購入した人に、その購入までのプロセスと「どの広告を何回見たか」などを聞いて、そのデータをもとに認知率や購入意向率を導き出すと、フリークエンシーとの相関関係が明らかになります。

それをもとにして、「5回以上広告を見る人をターゲットの何パーセント」「3～4回見る人を何パーセント」獲得するといった具合にフリークエンシー別に目標を決めていきます。実態調査に基づけば「広告を5回見た人は平均して何パーセントの人が買ってくれる」という歩留まりが計算できますので、根拠のある目標になるわけです。

? フリークエンシー目標とプランニング

さらに深く考えていくと、フリークエンシーの目標達成には「無駄打ち」というコスト効率の問題が大きく立ちはだかっているのがわかってきます。たとえばフリークエンシーの目標を「平均4回」としてプランニングした場合、実際には4回よりも多く見た人が圧倒的に多くなるということが発生してしまうのです。というのは、広告を見た回数（＝フリークエンシー）別の分布図を作ると、それは真ん中が一番高い正規分布曲線にはならないからです。次ページの【図6】を見てください。これはある製品・サービスのテレビCMを見た回数別の分布曲線です。テレビCMの場合、テレビが大好きで長時間見ている人がいる一方で、まったくテレビを見ない人もいるため、目標回数の3〜5回レベルを大きく上回る15回以上見たという人の割合が高く、一方でどんなにたくさん広告を打っても、「0回」という人がなくならないのです。テレビをすごく見る人は、何十回も同じCMを見る。でも、テレビを見ない人は0回のまま。少し考えたら当たり前のことなのですが、それで多くの企業がフリークエンシーの目標とTVCMの平均視聴回数を同一に設定して、この無駄打ちを繰り返しているわけです。
では無駄打ちをなくすにはどうしたらいいのでしょうか。少々数学を使うことになりますが、目標とするフリークエンシーに基づき累積人数のグラフを作ることです。たとえば目標回数が4回なら、横軸をGRP、縦軸を%と置いて、4回以下の人たちの累積の割合と、5回以上の人たちの累積の割合のグラフを作るのです。この2つのグラフの交点は4回以下しか見てない人たちと5回以上見ている人の均衡点です。なのでこの交点より右のGRPでは、目標回数の4回より多い人が増えていくばかりであり、つまりは「この交点より多いGRPは無駄打ち」ということを示しています。

図6　一定量のGRPを出稿した時のフリークエンシー別ユーザーの分布図

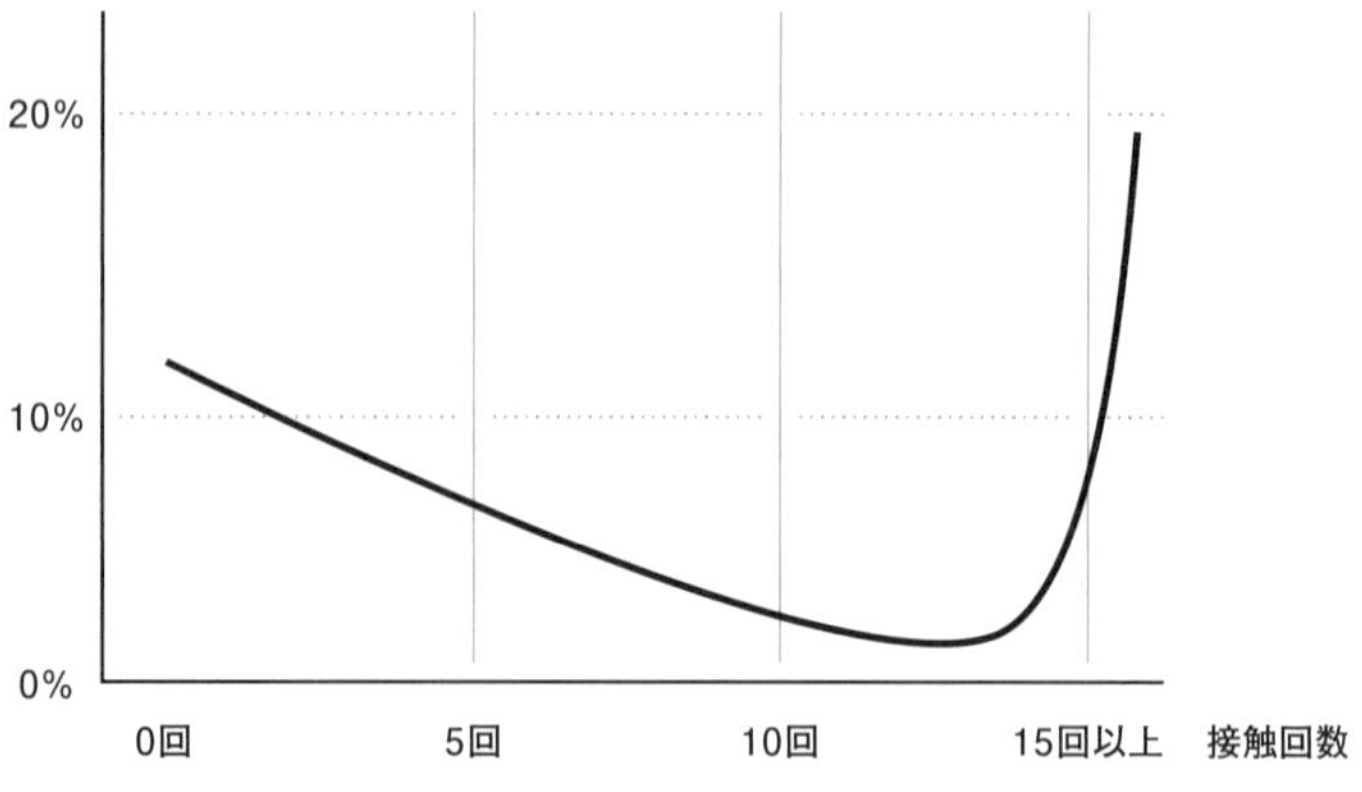

このような分析を行えば、これまでこの業界では認知を取るためには「最低xxxGRPが必要」と言われていたとしても、実際にはそれより少ないGRPで十分であることがわかるし、予算的に浮いた分でオンライン・メディアを購入することが可能になるのです。

テレビCMとターゲットの関係に注目すると、たとえば、50歳以上のシニア層では、10代・20代の若年層に比べ、同じGRPでも広告の接触回数が多く、認知率も高くなります。その一方で、若い世代では「テレビを見ない=視聴回数が0回」という人が多くいて、どうしても認知率が低くなります。

視聴回数が0回の人に対して、どんなにテレビCMをやっても無駄です。要するに、最近の若者はテレビを見なくなったということなのですが、そういう若い消費者にも複数回広告を見てもらわなければ、認知率も購入意向率も上がりません。つまり、若者に対するフリークエンシーを何か他のメディアで補充しなければならないのです。

【図7】は、ある商品の広告視聴について、世代別に、テレビCMだけしか見ていない層、テレビCMとオンラインCMの両方を見た層、オンラインCMだけしか見ていない層を図示したものです。このような分析とグラフを作れば、「テレビとオンライン・メディアで、どのくらいユーザーがかぶっているか」「オンライン・メディアによってリーチを何パーセントぐらい追加できるか」ということが、わかってくるわけです。そうすると、テレビで獲得できるフリークエンシーを踏まえた上で、「オンライン広告によって、どのターゲットの、どのくらいのフリークエンシーを取るか」といったプランニングが、非常に明確にできるようになるのです。

残念ながら、日本ではフリークエンシーについて、テレビとオンライン・メディアを横断的に、しっかり調査・分析している企業は、まだ非常に少ないようです。ここが「ザル」のままでは広告の投資対効果は改善しません。多くのマーケティング担当者が取り組むべき課題だと思います。

図7　ある製品のキャンペーンにおける広告を1回以上見た人の割合（メディア・世代別）

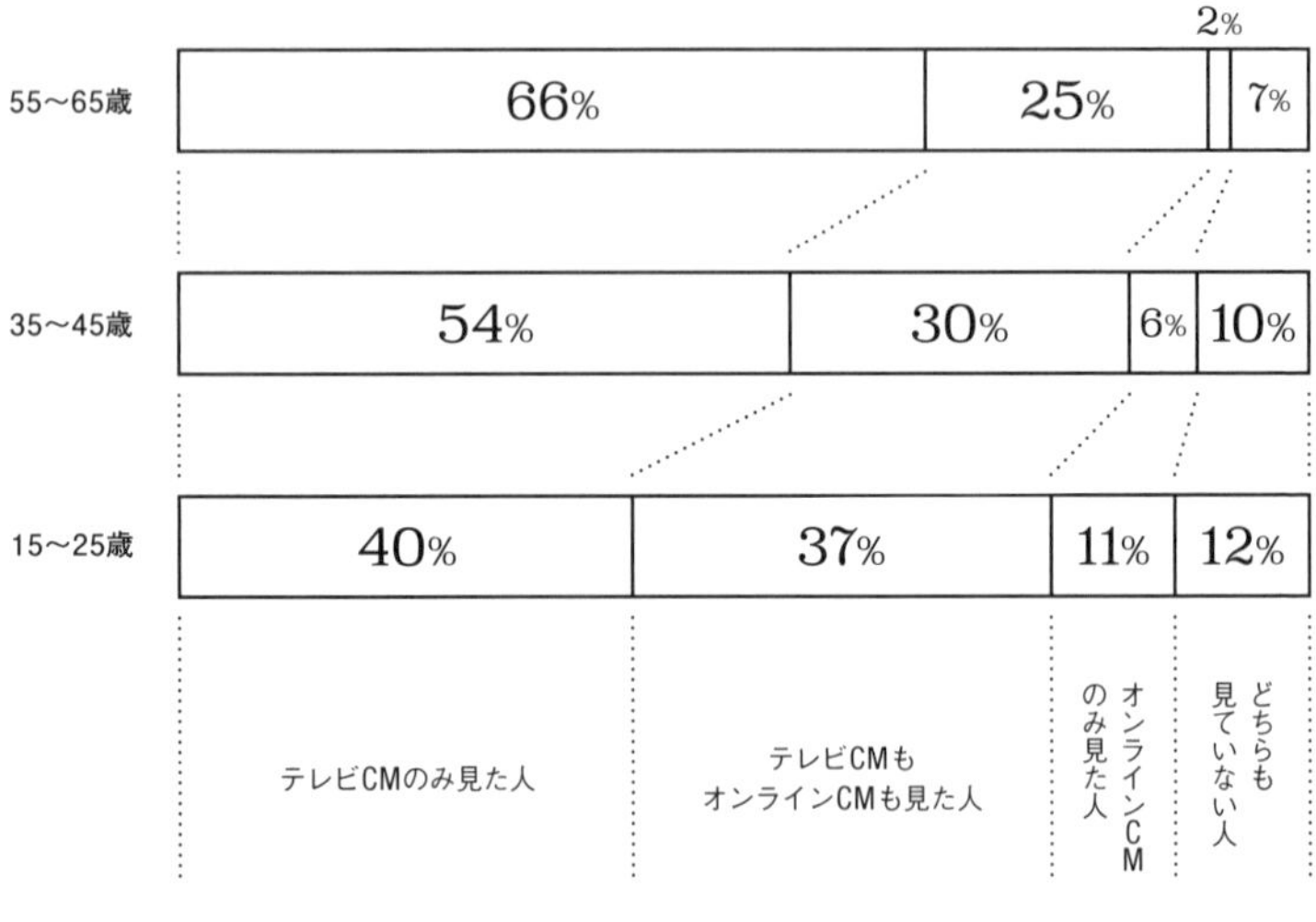

Chapter 13

絶対原則

複数のメディアを組み合わせることで、
効率よくリーチを取り、
効果的にメッセージを伝えることができる

どのメディアを使うかを決めるのは、
コミュニケーションの中身
（メッセージやターゲット）が決まった後、
プロモーションやキャンペーンの最後の最後

業界により、
最適なメディアの量やタイミングは異なる

フリークエンシーと、
認知率や購入意向の関係を理解した上で、
根拠のあるフリークエンシー目標を設定する

足立×土合

テレビとオンライン、どちらが効果的か

COLUMN 04

足立　メディア広告のプランニングにおいて、男女、年齢問わず、全部にリーチしたい場合には、やはりこれまで通り、マスメディアが「主」で、オンライン・メディアが「従」という考え方のほうがいいのでしょうか。あるいは順番として、マスメディアが先で、オンラインは後と……。

土合　もちろん、製品・サービスにもよりますが、基本的にはどちらでもかまわないでしょう。ただ、特にテレビは「効率」がいいですから。

足立　たしかに。今この瞬間、リーチを広げたいと思ったら、コスト的にはテレビが圧倒的に「安い」ですよね。それを踏まえた上で、「マスメディアとオンライン・メディア、両方でプランニングしていく」というのが、今求められている基本的なメディア選びの考え方だと考えています。ところが日本では、マスメディア担当の部署とオンライン・メディア担当の部署が別、という企業がほとんどでしょう。

土合　そうですね。担当部署が一緒になっているのは一部の企業だけですね。全体で効果を最大化しないと意味がないのに。

足立　誰か一人がメディア全体を見たほうが、圧倒的に効率化できるはずですね。

土合　誤解を恐れずにいえば、日本のメディア広告の現状は「ザル」だと思います。たとえばテレビCMでは、「過去の新製品ではxxGRPでした」とか「競合はxxGRPです」とか、そんなデータしか集めずに、「競合に対抗するためには彼ら（あるいは自社の過去実績）と同数以上のGRPが必要です」などと決めている。実は、そこにはロジックがないんですよ。この章の最後に紹介したように、もっと合理的にできる余地があるわけです。実際にこのようなやり方で、コスト効率がよくなって、資金の無駄遣いが減っている企業が出はじめています。

足立　オンライン広告しかやらないという会社は、どうすればいいのでしょうか。

土合　それも同じだと思います。フリークエンシーと認知率・購入意向率を調査・分析することで、合理的にプランニングできる。むしろ、オンラインは1週間くらいでデータが出てくるし、ターゲットの反応に対して比較的手軽にクリエイティブを変えることもできるので、より効率

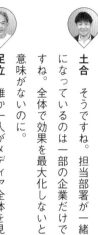

的に広告が打てるでしょう。

足立　オンラインはマスと違って、PDCAサイクル[*1]をすごく速く回せることが、強みですよね。たとえば、オンライン広告では、20種類以上のクリエイティブを作って同時に配信して、反応の悪いものは落とし、反応のいいものにクリエイティブを寄せていきます。テレビのように、すごい15秒コマーシャルをひとつ作ってドンと流すというのではありません。とりあえずいろいろ作ってみて、まずユーザーに伝えてみて、走りながら改善していくということがオンライン広告ではできるわけです。

土合　メディアによって使い方が全然違ってきますよね。たとえばテレビは、1回買ったら1回オンエアされて終わり。そして、だいぶ時間が経ってから効果があったかどうかがわかる。その時には「あー、今回はうまくいかなかったね」で済んでしまうわけです。一方、オンラインはすぐに結果がわかるし、かつ修正できるから、その後の運用、次の手、その次の手をプランニングしていくことがすごく大事なんですね。つまりオンライン広告は、その運用も含めてプランナーの仕事なんです。なので、1回プランニングしたら終了のマス広告だけをやっているプランナーには、オンライン広告のプランニングができないわけです。

足立　本当はマス広告でも、修正が

できるといいんですけどね。

土合　現状ではそれが難しい。特にテレビの場合は、オンエアが始まったら、もうどうしようもないですね。理屈的にはどのメディアのプランニングも似ているはずなのですが、現状はだいぶ違うわけです。だからこそ、改善していく余地が大いにあるともいえるのですが。

足立　オンライン広告も改善すべき点があるように思います。どうやってCTR[*2]を上げるか、CPC[*3]を上げるかといったことに追われて、業界全体が消耗戦になっていて、どんどん疲弊していている印象です。

土合　繰り返しですが、メディア全体で効果を最大化しないと意味がないということに、マーケティング担当者が気づいて、全体をプランニングするようになれば、そういった消耗戦も減るのではないでしょうか。

足立　結局、必要なのはブランドやキャンペーンの認知度なんですよね。GRPでもCTRでもない。マスメディアもオンライン・メディアも全部込みで、そのブランドやキャンペーンの認知度がわかる指標をつくって、いかに両方のメディアのバランスをとって効率化していくかを考えることが求められていると思います。

＊1　Plan（計画）、Do（実施・実行）、Check（点検・評価）、Act（処置・改善）の略。
＊2　Click Through Rateの略。クリック率。
＊3　Cost Per Clickの略。クリックの単価。

Chapter 14

SOCIAL &
ONLINE MEDIA

第14章

ソーシャルメディア／オンライン・メディア

オンライン広告、オンラインPR、ソーシャルメディア、オウンドメディアの4つが、主なオンライン・メディアです。今日のマーケティング担当者にとって密接なメディアではありますが、それぞれの特色を見直し、「どんなコンテンツを、誰に、どういうふうに伝えたいのか」を再考してみましょう。

4つのオンライン・メディアを把握する

オンライン・メディアは新しい分野だけに混同されがちですが、実際には以下の4つに分類して考えるべきだと思います。オンライン広告、オンラインPR、ソーシャルメディア、オウンドメディアの4つです。

オンライン広告は、オンラインのメディアにバナーや動画などのお金を払って掲載する広告を出稿するもの。ターゲットと目的に基づき、有効なメディアを選んで広告を出稿します。広告ですから、お金を払えば、基本的には自分たちの伝えたい宣伝は掲載してもらうことができます。

オンラインPRは、オンラインのニュースメディアに対して、PR活動を行うもの。これはマスメディアへのPRとほぼ同じです。なので、詳しいことは第15章「戦略的PR」にまとめましたので、そちらを参照してください。

ソーシャルメディアは、主に自社でソーシャルメディアを運用する活動です。ツイッター、フェイスブック、LINE、インスタグラムなどソーシャルメディアのプラットフォームに、自分の会社またはブランドのアカウントを作り、自ら情報を発信していく活動です。

最後がオウンドメディア。オウンドメディアは自社のホームページや自社のメールマガジンなど自分たちで所有しているメディアのことです。

適切なオンライン広告を考える

オンライン広告の考え方は、基本的にはマスメディアの広告と同じです。ターゲットユーザーを明確にし、目標となるリーチやフリークエンシーに達成できるようにどの媒体に広告を出すべきかをプランニングしていきます。

ただしマスメディアと違うところもあります。マスメディア広告と決定的に違うのは、広告期間内に修正できるということです。マスメディアでは最初にプランニングしたら、あとは出稿され結果が出るだけなので、たとえうまくいかなかったとしても、その広告の期間内に修正するのが難しいのに対して、オンライン広告の場合、比較的すぐに広告の結果がわかるので、その結果に基づき2～3週間あれば、広告内容やターゲット、メディアを修正できるのです。広告の結果がすぐに出るため、それに基づいてその後の広告の効果・効率をより良くすることが可能なのです。

ですから、**プランニング段階での「どのメッセージが誰に効くか」という仮説、そして実施後の結果の分析、そして結果に基づいた修正と迅速な運用が非常に重要に**なるのです。このことを知らずにマスメディアのような広告の打ち方をしているのであれば、かなりもったいないということなのです。

また、オンライン広告の方がマスメディアよりもターゲットを絞り込めるという点もマスメディアとの大きな違いのひとつです。せっかく絞り込むことができるのですから、ターゲットにしたいユーザー像をよりしっかりイメージして、絞り込んで広告をしていくと、広告の効率がさらによくなっていきます。ターゲットを絞り込めば、効果的なメッセージや映像がより明確になるからです。

また、どのメディアを使うかによって差はありますが、オンライン広告はおおむねマスメディアに比べると、若者へのリーチに効果的である一方、シニアへのリーチは効果的でないことが多いです。ですので、マスメディア広告とオンライン広告はどちらかが優れているというものではなく、お互いが補完しあう広告と考えるべきです。

みなさん、オンライン広告の効率はCTRなどで判断していると思います。この数値を改善すると投資効率が上がるので、向上したほうがいいに決まっています。ただ、既存のCTRを上げていく改善活動それ自体には何の問題もないのですが、それと同時に、あるいはその前に考えなければいけないことがあります。

そもそもあるメディアにおいて広告の効率が上がる、または効果が上がるというのは、どういう場合なのか、ということです。実はこの改善には基本的に2つの要素しかなくて、「より適切な施策を、メディアで行った場合」と「より適切なメッセージを伝えている場合」です。つまり、メディアへの広告の出し方を変えるか、広告のメッセージを変えるか、その2つが広告の効率や効果を上げることにつながるわけです。

当然ですが、これはあるメディアだけではなく、メディア「全体」で考えなければいけません。特定のオンライン・メディアで効率が上がったとしても、その他のメディアの広告と比較して良くない、かつ、その他のメディアは悪いままかもしれないからです。なので、特定のメディアの広告効率を改善すると同時に、あるいはその前に、「誰にどんなことを伝えたらいいんだろう、どういう伝え方をしたらいいんだろう、そのためにはどのメディアが最適だろう」ということを、常に広告全体で考え続けて、適切な対策を講じることが必要なわけです。

ある大手外食企業では、一般に効率的・効果的とされていたLINEやメルマガの広告は、まったく効果がなくて、撤退してしまいました。たしかに「登録数（リーチ）」は多かったのですが、LINEやメルマガの広告の中に、そこでしか知ることのできない情報がないと、結局はクリックして開いてくれないことがわかったからです。たとえば、新製品の発売告知をしても、すでに店頭や他のメディアで知っているので、LINEやメルマガをわざわざ開いて見てくれないのです。そうしたことがわかったので、その会社は「やめる」という選択をしたのです。

これは別にLINEやメルマガに効果がないということではありません。その会社の場合は、マスメディアで広告もするし、店頭でも告知できるし、かつダウンロード数が数千万以上というスマホの自社アプリがあります。自分たちでリアルタイムにほぼ無料で告知できる自社メディアがあるからこそ、わざわざ投資をして重複した情報を流す必要はない、と判断したわけです。

多くの企業は、このような店頭やアプリといった巨大な自社メディアを持っていません。なので、リーチを取るためにLINEなどに広告を出す必要もあるでしょう。最適なメディアは、その企業の状況や製品・サービス、伝えたいメッセージなどによって大きく異なります。だからこそ、なおさら自分の会社に必要なコミュニケーションの全体をよく見極めて、より適切なメディアを選び、広告の出し方やメッセージの内容を工夫しなければならないのです。

SEOは最低限の準備

SEO*はグーグルなどのウェブ検索で、検索結果の上位に自社関連のサイトが表示されやすいように、タグの付け方やリンクの張り方、検索キーワードへの対応など、サイトの構造やページの内容を工夫するIT系の手法です。近年は専門エージェンシーも増えているようです。

＊ Search Engine Optimizationの略。検索エンジン最適化。

ＳＥＯをしたからといって、マーケティング上で差別化となるような大きな効果は期待できないかもしれませんが、どの企業もやっていることなので、自社だけがやらないと競争に負ける可能性があります。いわゆるコンペティティブ・ディスアドバンテージ（競争上の不利益）と言えるでしょう。

たとえば、アマゾンは日本でしか「ポイント」を発行していません。アメリカのアマゾンではポイントが付かなくて、なぜ日本のアマゾンでは付くのかといえば、それは日本には楽天市場には楽天ポイント、ヤフーショッピングにはＴポイントがあるからです。別にそこで勝とうと思ってやっているわけではありませんが、やらないと競合に不利になってしまうからやっていると推測されます。このように、やることで優位にはならないけど、やらないことが不利になるケースがあるわけです。

試しに自分の会社や製品の名前をネットで検索してみてください。１ページ目に来なかったら、ＳＥＯの施策で負けている証拠なので、何か改善しなくてはならないでしょう。必ずしも検索トップに表示される必要はありませんが、２ページ以降に表示されるのは明らかに不利です。ただ繰り返しになりますが、検索の上位に来たからといって継続的に競合に勝てる、売り上げが伸びるというわけではありません。

競合も同じことをやっているので、きっと上位に表示されていることでしょうし、自社が競合より上位に来るようになったら、競合は何かしらの改善策を打ってくるでしょう。なので、ＳＥＯは決して継続性のある競争優位にはなりません。つまり、競合と戦うための最低限の準備ととらえるべきでしょう。

？ソーシャルメディアは共感のメディア

ツイッターやフェイスブック、ユーチューブなどのソーシャルメディアが普及して、こういったツールを利用する消費者が増えました。ただ、接触するメディアは多様化したけれども、マーケティングのコミュニケーションとして「何が効くか」はあまり変わっていません。

昔からある新聞広告でも現在のソーシャルメディアの口コミでも基本的には一緒です。いずれにしても、ある程度の感情的なアテンション（注目）が取れるようなメッセージが消費者には効くわけです。「おもしろい」とか「感動した」とか、感情的なアテンションがないと基本的には響きません。

ただ、旧来のテレビや新聞といったマスメディアは特定のプレーヤーが一方的に発信しているのに対して、ソーシャルメディアは誰もが双方向に発信しているところに大きな違いがあります。つまり、**ソーシャルメディアは旧来のマスメディアと違って特定のプレーヤーがコントロールできない**のです。ソーシャルメディアは、誰もが発信できてコントロールできないことによって、今や消費者にとって「最も信頼できるメディア」になっています。

基本的には、消費者それぞれが共感できる「お友達」に「この製品はいいよ」と言ってもらう。そのためのネタを提供するのがソーシャルメディアです。それに対して、自分で自分の製品を「この製品はすごくいいですよ」と一方的に広く告知するのがマスメディアの広告です。また、多くの消費者が信頼しているジャーナリストや評論家などに「この製品はいいですよ」と言ってもらうのが、マスメディアやオンライン・メディアのPRです。言っている内容はまったく同じだけれども、誰が言うかによってその「腹落ち度」がぜんぜん違うわけです。

ソーシャルメディアの「口コミ」とPRは機能的には近いところがあります。同じメッセージを出すのであれば、「自分で言う」広告よりも、「顔の見える友人や有名人に言ってもらう」ソーシャルメディアの「口コミ」や「第三者であるメディアに言ってもらう」PRのほうが信頼されるし、効果があると言えるでしょう。

だからといって、マスメディアやマス広告にまったく意味がないということではありません。オンライン・メディアやソーシャルメディアは、マスメディアに比べるとやはりリーチが限られます。マスコミに取り上げられなければ、そもそもPRはできないし、オンライン・メディアやソーシャルメディアは、やはり若者中心のメディアなので、日本の人口の半分を占めるシニア層には届きにくいのです。

ソーシャルメディアのうち、フェイスブックやインスタグラム、LINEは基本的には仲間同士の内輪のコミュニケーション・ツールです。ティックトックも同様で、いろんなブランドが広告としてダンスなどの動画を配信していますが、仲間うちでシェアはしてくれるけれども、それほどの広がりはないようです。

実はこれらのメディアは、ソーシャルメディアといっても、送り手から一方向にコミュニケーションするメディアです。ですから、これらのツールでは、素敵なビジュアルや心に響くコピーなどで、いかにエンゲージメント（投稿に対してどれくらい反応してくれるか）を高めるかを競うコンテンツになっているわけです。

これらのソーシャルメディアではビジュアルとしてのインパクトや美しさが特に大事ですから、利用者が投稿したくなるようなパッケージやデザイン撮影スポットをあらかじめ計算してデザインしておきましょう。

これに対して、ツイッターだけは他のソーシャルメディアと違います。リツイート機能があるので、共感したり驚いたりしたコンテンツがものすごく拡散する可能性があるのです。第6章で詳しく述べた「話題化」という面でもそうですが、マス広告に比べると費用が安いので、まずツイッターに最適なクリエイティブを考えたほうが、効率的かつ効果的なことが少なくありません。

つまり、今日のメディア状況においては、ツイッターを中心に据えて、マス広告はツイッターでは届かない人たちを補完するメディアと考えたほうがいい場合もあります。予算がない場合はなおさらそうでしょう。ツイッターについてはPR的な要素が多分に入ってきますので、第6章を参照してください。

？ オウンドメディアは有効なメディア

「オウンドメディア」というと、自社のウェブサイトをイメージする人が多いと思います。オンラインとしてはその通りなのですが、オンライン以外も含めれば、たとえばスーパーやレストランなどの店舗を持っている企業の場合、その店舗自体も立派なオウンドメディアです。

マクドナルドでは、平日でも200万人、週末は300万人のお客さんが来店します。つまり、マクドナルドのあの紙のトレーマットは毎日数百万人の方に見られている、その辺の地方紙よりもはるかに大きなメディアなのです。

オウンドメディアで何を伝えるかは、とても大事なことです。なぜなら、オウンドメディアは自分で100％コントロールできるし、「仕込み」に時間をかけられるし、当たり前ですが、広告費がほぼ無料だからです。その意味で、オウンドメディアは極めて有効なメディアと言えるでしょう。

大前提として「誰に何を伝えたいか」というのがあった上での話ですが、利用するメディアを考える順番としては、まず「オウンドメディアで何を伝えたいか?」、次に「ソーシャルメディアやPRで何を伝えたいか?」、そして最後に「マスメディアで何を伝えたいか?」と考えるのが一番効率的です。

理由はシンプルで、オウンドメディアはメディアコストが無料で、ソーシャルメディアやPRは比較的安く、マスメディアが最も高いからです。だから、オウンドメディアやソーシャルメディア・PRから考え、リーチが足りないところの補完としてマスメディアを考えたほうが、すべてをマスメディアでカバーできる予算がない場合などには、だんぜん投資対効果は上がるはずなのです。

ところが通常、広告代理店に頼むと逆の順番でプランを持ってきます。ほとんどの企業が疑いもなく受け入れて、まずマスメディアの広告から決めています。この本を読んだマーケティング担当者は、そうした非効率的な「慣習」をぜひ見直してほしいと思います。

？ メルマガでは独占的な内容を提供する

「メルマガ」もオウンドメディアですが、一般的には効果がある場合は限定的と考えて間違いないでしょう。ご自分が企業から送信されたメルマガ、たとえば新製品案内などをどうしているのか、振り返ったらわかると思います。「そんなメルマガは開かずに削除」という人がほとんどのはずです。そこには欲しい情報が何もないから、みんな削除してしまうのです。よほどユニークでおもしろそうなタイトル・ヘッドラインが付いていなければ、まず開かないでしょう。

一方で、メルマガでちゃんとビジネスができている堀江貴文さんのような人もいます。なぜ堀江さんのメルマガが読まれるのかといえば、ある程度まとまった文章で、エクスクルーシブ（独占的）な内容をクローズド（閉鎖的）に配信しているからです。

もしそれが、大多数の企業のメルマガのように、他のメディアでも入手できるオープンな情報であれば、誰もわざわざ読まないわけです。

特定の誰かにまとまった文章を届ける方法としては、たしかにメルマガは選択肢のひとつでしょう。ただ、それを読んでもらうためには、そこにエクスクルーシブなコンテンツがちゃんとあることが必須なのです。

裏返して言うと、**エクスクルーシブな深い内容を詳しく伝えることに意味がある企業であれば、メルマガを配信する意味があるかもしれない**ということです。

本当は、オウンドメディアとしてメルマガを選ぶ前に「どんなコンテンツを、誰に、どういうふうに伝えたいのか」を考えるべきなのです。その上でメルマガを配信するなら、ある程度の効果が期待できるかもしれません。

Chapter 14

絶対原則

オンライン広告は、
広告期間内でも修正・改善を繰り返すのが基本

シニアにはマス広告、
若者にはオンライン広告がリーチしやすい

SEOは効果はあるが、
継続性のある競争優位にはならない

ソーシャルメディアは
最も消費者に信頼されているメディア

オンライン広告やソーシャルメディアごとに、
最適なクリエイティブを作成する

オウンド・アーンド・ペイドメディアの順番で
プランニングをすることにより、
投資効果が最適化できる

Chapter 15

STRATEGIC PR

第15章 戦略的PR

広告は「自分たちが伝えたいものを自分たちで伝える活動」ですが、それに対して、PRは「自分たちが伝えたいものを第三者に伝えてもらう活動」です。マスメディアの記者やオンライン・メディアのインフルエンサーなどが間に入るので、基本的には内容をコントロールできませんが、それゆえの効果は見込めます。

PRと広告の決定的な違い

ＰＲ*は「広報」と訳されていますが、もともとは「企業が社会に快く受け入れられ続けるために行う活動全般」を指す言葉なので、今日では、ＰＲと呼ばれる活動内容は、企業によっても人によってもさまざまになっています。

会社のＰＲと製品・サービスのＰＲで、担当部署を分けている企業も少なくないで

＊ Public Relationsの略。

しょう。ただ、多くのマーケティング担当者が携わっているのは、製品・サービスのPRのほうだと思います。なので、この章では、企業が自ら発信する従業員向けの社内広報や株主・投資家向けのIR、*自社メディアで提供する会社情報の話ではなく、「第三者」を介した製品やサービスの宣伝活動としてのPRについて解説していきます。

まず、広告とPRの違いをクリアにしておきましょう。広告は「自分たちが伝えたいものを自分たちでお金を使って伝える活動」です。それに対して、**PRは「自分たちが伝えたいものを第三者に伝えてもらう活動」**です。初めに、この決定的な違いについて確認していきます。

広告にないPRならではの主なメリットを4つ挙げておきましょう。

①自分たちでは伝えにくいことを伝えてもらえます。たとえば、「創業何十周年、おめでとう」というメッセージ。これは広告では発信できません。自分で自分に「おめでとう」と言うわけにはいかないので、「創業何十周年、ありがとうございます」となるでしょう。「おめでとう」は自分たち以外の人に言ってもらったほうがいいに決まっています。

②信用あるいは信憑性《しんぴょうせい》を高めることができます。自分たち以外の人が「このシャ

ンプーはいい」「この映画はおもしろい」「このハンバーガーはおいしい」などと言ってくれれば、プラスの評価の信憑性が高まります。お見合いでもそうでしょう。「私はいい人です」と自己紹介しても信用できませんが、きちんとした人が「この人はいい人ですよ」と紹介してくれたら信用されるわけです。

③「はやっている感じ」が作れます。自分たち以外の人が同じことをやったり言ったりしてくれるほど、「どうも世の中では、これがはやっているらしい」となるわけです。映画なら「あれがおもしろいって、あの人も言っている、この人も言っている。はやっているなら私も見に行こう」ということで、ヒット作になります。

④権威やお墨付きがもらえます。「〇〇大学の〇〇教授も推薦している」「三つ星シェフの〇〇もおいしいと言っている」など、②と重なりますが、権威やお墨付きによってさらにワンランク上の信憑性を得ることができます。それが広告だったら、やはりそこまでの権威やお墨付きにはなりません。

こうしたメリットがある一方、広告にはないデメリットがあります。それは、PRは「コントロールできない」という点です。当然ながら、これがPRをやっているマーケティング担当者にとって最大の課題になっているわけです。

広告は、自分たちが作っているものなので、基本的に何をどういうふうに伝えるか、

＊　Investor Relationsの略。投資家向け広報。

どこにどれくらいの量を露出するか、ということが全部自分たちでコントロールできます。ＰＲは第三者――マスメディアの記者やオンライン・メディアのインフルエンサーなど――が間に入るので、基本的には自分たちではコントロールできません。

つまり、**ＰＲをプランニングする際には「相手にどういうふうに書いてもらうか、発信してもらうか」ということを、必ずイメージしておかないといけない**わけです。

ＰＲでは、たとえ相手にいろいろなことを伝えたとしても、自分たちではなく、相手（メディア）がおもしろいと思うことが切り取られます。なので、自分たちの切り取ってほしいところを、相手にも切り取りたいと思わせるようなプランニングをしないと、正しく自分たちが第三者に言ってもらいたい、記事にしてもらいたい、情報番組で取り上げてもらいたい内容が取り上げられないのです。

さらに大事なことは、メディアは「今この瞬間、第三者（視聴者）がおもしろいと思うもの以外は取り上げない」という点です。つまり、今第三者が何をおもしろがっているかということがわかってないと、ＰＲのプランニングはできないわけです。

自分たちが伝えたいことと、第三者がおもしろいと思っていることが重なっていなければ、ＰＲは成功しません。それ以外は、たとえＰＲができたとしても、ただの製品やサービスの紹介記事くらいになってしまい、あまり効果がありません（【図８】）。

PRを広告代理店に任せてしまって、うまくいかないということがよくあります。でもそれは当たり前の話です。広告代理店は、自分たち＝クライアント企業が伝えたい情報を伝えてくれるところです。文字通り、あくまでも広告をつくってコミュニケーションする代理店です。

一方、PRは、第三者に自分たちの情報を発信してもらうことです。つまり、**自分たちの情報を伝えてくれそうな第三者、たとえばマスコミの記者たちのニーズをわかっていなければ、PRについては優れたエージェントにはなれない**わけです。

なので、広告を得意とする総合代理店に頼んでも、PRは必ずしもうまくいきません。これも、PRと広告が本質的に違うと

図8　PRで伝えることのできる情報

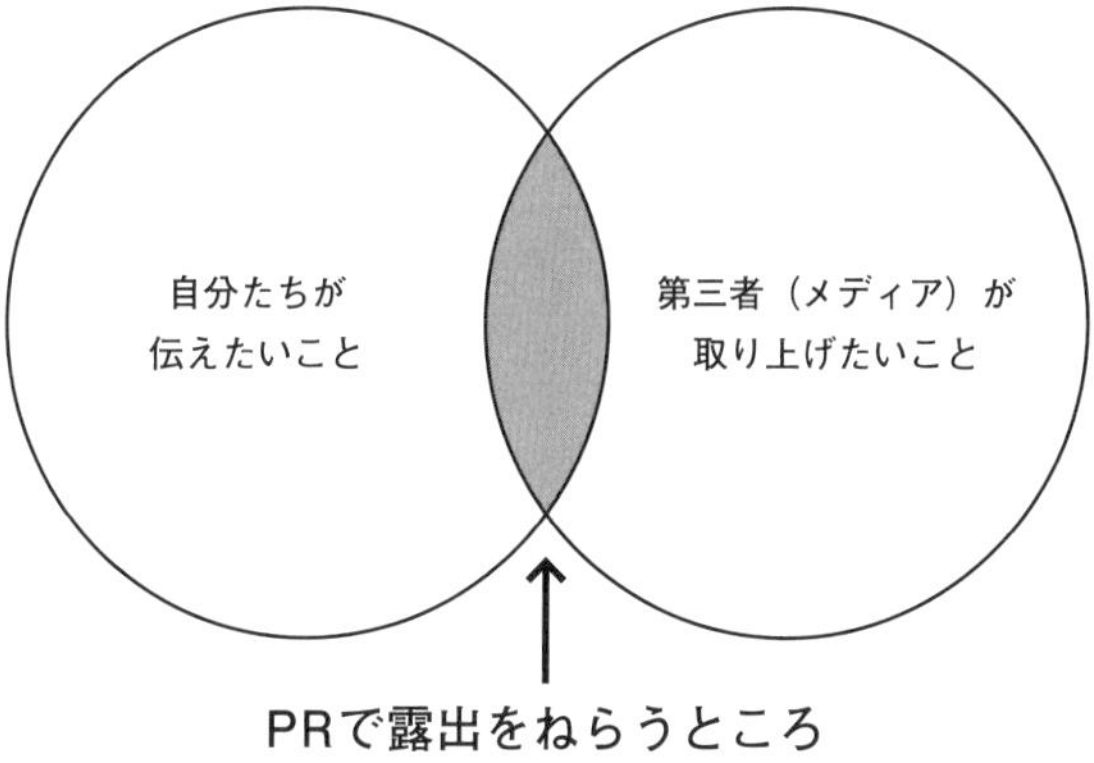

いうことの証左と言えるでしょう。

PRを成功させたいマーケティング担当者は、広告代理店に任せているからといって安心せずに、第三者（メディア）がどういう情報なら受け入れて記事にしてくれるかということを、日頃から自分で考えたり調査したりしておいて、必要なら別のアクションをとる必要があるのです。

第三者を「ガイド」する

PRは第三者（メディア）が書いてくれる、取り上げてくれるものなので、すごくうまくガイドをしてあげないと、まったく違うところを書かれる、取り上げられるということがよくあります。わかりやすいのは、製品やサービスの発表会などでタレントに出演してもらってPRイベントをやったら、そのタレントの1週間前の結婚のことばかり聞かれて、それだけが記事になったり放送されたりして、製品やサービスのことはおざなり程度にしか取り上げられない、というようなパターンでしょう。

これはPRとしては失敗です。もちろん、メディア側が記事にしたい・取り上げたいというタレントに発表会で出演してもらわなければなりません。しかし、そのタレントがどういう状況にあるのか、製品やサービス以外の内容が記事の中心になるリスクはないか、ということまで見極めないと正しいPRにはなりません。

裏返せば、第三者が何を聞きたい、どこを取り上げたいということをうまくガイドして、製品・サービスの訴求内容に適切なタレントに出演してもらい、製品・サービスを中心に話してもらえるようなPRイベントは、非常に効果的なわけです。

また、テレビとオンライン・メディアでは、おもしろいと思ってくれるポイントに違いがあります。なので、同じ製品・サービスのPRであっても、テレビ向けのネタとオンライン向けのネタを丁寧に変えないといけません。

テレビは、比較的ターゲットの年齢層が上で、30代、40代、50代が中心です。一方、オンラインは年齢層が下で、10代、20代、30代です。このターゲットの違いが、両方のメディアがおもしろいと思うポイントの違いに反映しています。

年齢層の上下によって、たとえば映画だと、同じセリフや映像に対する感じ方が違うし、俳優や監督のメッセージに関しても「賛成なのか、反対なのか」といったことが違ってきます。もちろん、どの年代でも同じように感じて、どちらのメディアでも同じように取り上げてもらえる場合もありますが、違う方が多いと思います。

つまりテレビとオンライン、どちらにも露出するためには、どこに視点を当てるのか、あらかじめ自分たちで伝えるメッセージや「ネタ」を微妙に変えておく、またはそれぞれのメディアが取り上げてくれそうな「ネタ」をいくつか仕込んでおく必要があるのです。

テレビやオンラインに限らず、各メディア自体がそれぞれのセグメント、読者や視聴者といったターゲットを明確に持っています。なので、自分たちのメディアの読者や視聴者に最もおもしろいと思ってもらえる、メッセージやニュースを切り取ってくれるわけです。たとえば、映画のテレビCMだと「このメッセージ一本でみんなにおもしろいと思わせなきゃいけない」となりますが、PRでは、同じ情報を伝えても、テレビ局や番組によって、うちはこの映画の中でSFオタクの人たちに向かってここを伝える、うちは俳優のファンに向かってここを伝えるといった具合に、勝手にメッセージをターゲットごとに「最適化」してくれるわけです。これはコントロールできないPRならではのメリットとも言えるでしょう。

広告でもある程度は信頼を高める表現ができます。たとえば映画広告では、ある作品を見た人たちにアンケートをとって、「泣いた」という人が90パーセントいたら、「90パーセントが泣いた」という数字が出せます。あるいは飲料の広告で、ある人数の人に自社の商品を含む複数の商品を飲んでもらい、「一番おいしい」と答えた人が

50パーセントいれば、「50パーセントの人が弊社の商品を一番おいしいと答えた」という広告が作れるわけです。説得力のある有名人に実際に食べたり使ったりしてもらい、そうだと思ってもらえれば、「自分史上No・1」といった感想を広告として訴求することもできます。

もちろんこうした広告の場合、その広告主の企業は、その商品の売りにつながる数字や感想を自分たちで抽出しています。

これに対しPRでは、有名なコメンテーターやジャーナリストが自社に好意的なコメントをくれるかどうかはコントロールできません。たとえば映画の場合、「この映画の見どころ・売りはこうです」という説明はします。でも実際に映画評論家の方が見て、違う感想があれば、「ここが、こういうふうにおもしろかった」というご本人の言葉で切り取られるわけです。「これは笑って泣ける映画です」と、どんなに説明したところで、「もうずっと、ゲラゲラ笑っちゃった」というコメントになるかもしれない。そこはコントロールできないのです。

どちらにもウソはありません。ただ広告の場合、それを見た人の「なんかこの数字、ウソくさくない？」とか「セリフとして言わせているんじゃないか？」といった疑念を、どうしても払拭《ふっしょく》することができません。やはりコントロールできないPR、つまり第三者が言ったことのほうが「そうかも」と信用してもらえるわけです。

たくさんの小ネタよりもひとつの大ネタ

ＰＲのプランニングにあたっては、「競合製品・サービス」のＰＲのタイミングを知っておくことも非常に重要です。なぜなら、同じようなジャンルの同じようなプレスリリースが２つ以上同じ日にあった場合、どれかひとつしか紙面や番組に取り上げられないからです。

広告の場合は同じジャンルの競合がいくつあろうが、出稿料を払っている以上、必ず露出できます。一方、ＰＲの場合は、同じようなジャンルの同じようなネタが同時期にあったら、より強いネタだけが取り上げられて、弱いネタはほとんど取り上げられません。なので、競合とＰＲのネタやタイミングがかぶらないように注意しないといけないのです。

これはもちろん、他社ばかりではありません。同じ会社が１週間に３つプレスリリースを出しても、ひとつか２つしか取り上げられません。リリースごとの露出を最大化するには、競合だけでなく、社内の調整も重要になってくるわけです。

また、ＰＲは広告と違って、マーケティング担当者は「タダ」と感じるようです。そのために、何個でも出せるのだからできるだけ出したいと思って、小さなプレスリリースをたくさん作って、こま切れに出しがちです。これはたいがい失敗します。

小さいネタというのは、メディアに取り上げられたとしても、たとえば新聞のベタ記事どまりで紙面に埋もれるし、そもそも記事にならないことも多いわけです。なので、むしろ小さいネタを集約して、ひとつの大きなネタにして、大見出しの記事を1回勝ち取るほうがいいのです。

ある製品やサービスのキャンペーン期間中に、ＰＲの記事が大見出しで何回か出ることによって、いわば「パブ山」ができます。実は、これがとても重要なのです。**期間中にだらだらと小さな山が続くよりも、どーんと話題になる高い山が何個かできるほうが効果的なＰＲ**です。

ＰＲの小ネタをこま切れに出していると、小さな山はたくさんできるかもしれませんが、結局、どれも目立たないままキャンペーンが終わってしまいます。なので、よく目立つ大きなパブ山ができるように、ちゃんと回数をしぼって、大ネタのプレスリリースが出せるようにプランニングしましょう。

また、パブ山にはソーシャルメディアの口コミでの広がりも含まれます。なので、特にツイッターで拡散しやすいネタをきちんと計算してＰＲのメッセージの中に仕込むことも大切になってきます。

先ほどプレスリリースは「タダ」と思われがちと言いました。でも当たり前ですが、広告ほどは多くないかもしれませんが、会社はＰＲに資金も人も投入しているわけです。なのでキャンペーン後、「ＰＲにいくら使った。その結果、**実際のメディア価値でいうと、どのくらいのメディア価値の露出が稼げたか」という投資対効果の数値をレビューすることが必要**です。もちろん、事前にその数値目標をちゃんと設定しておかなければ、そのＰＲがそもそも効果的だったのかどうか、評価できません。常にＰＲの数値目標とレビューをセットにして、その投資対効果を検証し、次に生かすようにしましょう。

プレスリリースはスタート地点

「プレスリリースを出したら、ＰＲの仕事は終了」と勘違いしているＰＲ担当者が少なくないようです。

「こういう製品・サービスを発売します、こういう特長があります」と書いた、プレスリリースを各メディアに送付します。プレスリリース自体は、メディアの興味を引くようにきちんと書いたかもしれません。でもPRの仕事は、リリースを送ったら終わり、ではないのです。送付した情報を各メディアが取り上げてくれない限り、どんなに立派なプレスリリースを出したところで何の意味もありません。第三者にそれを発信してもらうことがPRの目的であって、リリースを出すことは、あくまでもそれを実現するための手段のひとつでしかないのです。

つまり、プレスリリースを出すのは終わりではなくて、出した時がスタートなのです。その後、どうリリースの内容をメディアに載せてもらうか、放送してもらうかということにPR担当者は注力をしなければいけないわけです。

企業によっては、たとえば、そのカテゴリー担当の新聞記者たちと定期的に勉強会をやっていたり、その人たちを自社の研究所に連れていったりと、自分たちを理解してもらい、記者と人的な接点を作るような活動を地道にやっています。

ナイアンティックは新しいオフィスができた際、各メディアの記者をたくさん呼んで、会社説明をあらためて行いました。マクドナルドも日経新聞などの有力紙だけではなく、オンライン・メディアなども含めて、たくさんのメディアに声をかけて、毎月の新製品について発表会をして、接点を多く持つようになりました。こういう地道な働きかけがあってこそ、プレスリリースも効くわけです。

自分たちのことを発信してくれるかもしれないメディアの人々と、ふだんから相互理解を深めて、信頼構築していくことはとても大事です。多くの会社ではＰＲ会社や営業部、広報部がすでにやっていることなのかもしれません。ただそれとは別に、マーケティング担当者も自分の担当するカテゴリーにかかわるメディアの人たちと「いい関係」を構築していくべきだと思います。何しろ、自分の担当する製品・サービスの成否を大きく左右するポイントなので。

ツイッターを使ったＰＲ

最後に、ツイッター上でのＰＲ活動について整理しておきましょう。もちろん、ツイッターにも広告が出せます。たとえば、広告主に関連するキーワードやハッシュタグがトレンドワードのリスト上位に「プロモ」と明記の上で表示される「プロモトレンド」。加えて、自社のツイッターアカウントで行うツイッター広告というのもあります。「これを見ると○○が当たる」とか「ここを今すぐクリックするとＣＭが始まる」といったリンクを張るケースです。

一方で、自社の製品やサービスを使ってくれた人や、自社のイベントに来てくれたという人が「これは、すごくいいぞ」とか「これ、すごく楽しかった」といった具合に、勝手にツイートしてくれることもあるわけです。そうした口コミを狙って、たとえばインフルエンサーにサンプル品などを渡して、「飲んでみたら最高においしかった」とか「これ、見たけどおもしろかった」「このお店、すごくおいしかった」といったことをツイートしてもらうのが、ツイッターを使ったPRです。

さらに、そうした自社の製品やサービスに関連するツイッター上での口コミの広がりをひとつのニュースとして、マスメディアに対してプレスリリースで伝えることもできます。「こんなにバズっている、話題になっているので、ぜひ取材してください」といったPRにも、ツイッターの数値は使えます。その場合の出発点は、自社の広告だろうが、ツイッターでのPR投稿だろうが、かまわないわけです。

ただし、企業のツイッター広告からツイッターで口コミが広がっていくというケースは、まだ少ないようです。というのは企業発信のツイッター広告では、テレビなどのマス広告と同じものを流用していることが多く、万人向けで内容が尖っていないものが多いのです。本来ツイッターではその情報が多くの人にリツイートされない限り、たくさんの人に伝えることはできません。リツイートされるのは、その内容に何らかの尖った（関心を引く、他の人にも見てほしい）ポイントがあるからです。なので、**マス広告と同じような内容のツイッター広告を出すのは、無駄になる可能性の高い投資**だと思います。

ですからツイッター広告では、従来のマスメディア向けの広告とは異なり、それに適したエッジが立ったクリエイティブ、つまりＰＲ同様の「話題になるネタ」が必要、ということです。

Chapter 15

絶対原則

PRには、広告では達成しにくい さまざまなメリットがある （信頼性、流行感、権威など）
クライアント側には、PRは露出の内容や量を コントロールできないという覚悟が必要
大きな露出にするために、自社が伝えたいことと、 メディアが伝えたいことを一致させる
広告代理店は、PRを最大化するためには 必ずしも最適なパートナーでない場合がある
たくさんの小ネタでプレスリリースを出すより、 数を絞って大きな山を作ることを狙う
メディアとの関係構築は、 PR会社やPR部だけに任すものではなく、 マーケティング担当者自身の仕事ととらえる

INTERVIEW 4

話題化できるPRとは?

PRストラテジスト
元ブルーカレント代表

本田哲也×足立 光

2009年に『戦略PR　空気をつくる。世論で売る。』を著して以降、日本を代表するPRストラテジストとして活躍する本田哲也。ブルーカレント・ジャパンの代表取締役を経て、2019年には新たに「株式会社本田事務所」を立ち上げました。現在話題化できる「PR」についてうかがいました。

Tetsuya Honda

PROFILE

（株）本田事務所代表。PRストラテジスト。1999年、世界最大規模のPR会社フライシュマン・ヒラードの日本法人に入社。2006年、ブルーカレント・ジャパンを設立し代表に就任。国内外での講演実績多数。代表著作に『戦略PR』（アスキー・メディアワークス）など。

足立　本田さんが『戦略ＰＲ　空気をつくる。世論で売る。』という本を出してから10年ほど経ちました。「戦略ＰＲ」という考え方がだいぶ定着した感じがします。ちなみに、本田さんがよく引用する『空気の研究』の山本七平は、実は私の母方の叔父なのですが。

本田　そうでしたよね。私は、２０００年から外資系企業でＰＲの仕事をしていたのですが、当時、ずっとジレンマがあったんです。同じＰＲと呼んでいても、アメリカのＰＲ会社がやっていた「世論形成」と、日本のＰＲ会社がやっていた商品のＰＲとに、ものすごく落差があって。業界的にも日本ではＰＲ会社は広告代理店の下に付くもので、いわば下請け扱いでした。でも、私は「本当はＰＲは広告よりすごいことができるんだ」と考えていたわけです。そこで、『空気の研究』の影響もあって、ＰＲとは「世の中の空気を形成することである」と定義しました。「空気をつくるのは広告ではなくＰＲです」と言い切ったからこそ、日本のいろんな人の目から鱗《うろこ》が落ちたのではないかなと思います。

足立　本田さんの「戦略ＰＲ（空気づくり）」は、いわゆる「ノンプロダクト・マーケティング」ですよね。つまり、その製品やサービスのことを直接訴求しなくても売れるようにする、ということ。昔から私もそれに注目していましたが、業界的に注目されるようになったのはソーシャルメディアができたというのが大きいでしょう。広告で「自分で言う」のではなく、ＰＲで「人に言ってもらう」ほうが圧倒的に効果があるというのがわかってきたわけです。

本田　メディアが圧倒的に増えたおかげで、ちゃんとマーケティング戦略として組み立てられるし、実行できるようになりました。それで、業界的に一人語りの広告から第三者発信のＰＲに変わってきている。それがここ10年、15年で起こっていることです。

足立　でも、それをやらない企業がまだいっぱいあります。戦略ＰＲをうまくできる企業とできない企業、どこが違うんでしょうか。

本田　まず「マインドセット」が大事なんです。個人レベルに落とせば、おしゃべりな人に「いいから、あんまりお前の話をしすぎるな」という話じゃないですか。「たまには、自分のいないところで、誰かにあの人はいいよと言ってもらおうよ」という話。この「自分がいないところ」というのがポイントです。そして「誰か」は、身内とかではなく、直接利害関係のない人。そのほうが信用されます。なので当然、自分がいないところでの会話の中には、自分とは直接関係ない話も多く出てくるわけです。これが戦略ＰＲです。広告に慣れている企業も「ＰＲやらなきゃね」と頭ではわかっていますが、ＰＲのプランを打ち合わせしている中で、必ず「それって、わが社の商品と関係ないじゃないですか」なんて話になります。でも、第三者発信なのだから、自社にとって都合のいい話だけをするわけがない。よもやま話があって、その流れの中で、「そういえば……」とようやく商品の話が出てくる。第三者には第三者の文脈があるわけです。こうしたＰＲの原則について、まだ多くの企業では、頭でわかっていても気持ちがついてこないという状態です。

足立　広告とは違って、基本的にＰＲはコントロールできません。それを何とかしようというのがＰＲを戦略的に活用することであって、考え方が根本的に違うんですよね。

本田　広告に比べて、ＰＲの予算は非常に小さいわけです。それでも、社内の稟議《りんぎ》を通すのがいまだに難しい。広告であれば、いくら使います、全国でこれくらい露出します、内容も十分に吟味したこれです、というプレゼン内容が「確実に」実行されます。でもPRは、全国でどれくらい出るかも、露出する内容も、端的には「やってみないとわからない部分があります」としか説明できない。なので、旧来のマインドセットのままだと、社内的には「そんなので、オレにどうやってハンコ押せって言うんだ」となるわけです。

足立　PRの場合は「こうなったらいいな」にハンコを押さなきゃいけないんですよね。「不確実だけどバケるかもしれない。そこに投資をしましょう」というのがPRです。その意味でも広告とは、まったくマインドセットが違いますよね。

本田　私の場合、あまりにも保守的な会社に対しては、「それだったら、やらないほうがいいですよ」とはっきり言うようにしています。一番よくないのは、PRという名の広告をやることなんです。「わかりました。もっと商品に寄せて行きましょう」というのがお互いに最悪です。広告で言っていることと、

まったく変わらなくなるので、PR本来の効果がなくなるわけです。なので、「わかりました。そんなに商品の露出を確実にしたいんだったら、メディアを買いましょう」と、PRへの投資を止めるようにしています。やるんだったら、勇気がいるでしょうが、不確実性に賭けてもらうことが必要です。その代わり、こちらは「最低でも、これくらいは露出するはずです」と提言するわけです。経験上、ある程度は予測がつくので。

足立　PRは人々に話題にしてもらうためのものですよね。広告でメッセージを伝えることはできますが、よっぽど特長のある製品・サービスやコミュニケーションでない限り、そこには話題にする要素がありません。話題化しないと売れない時代なのに、かたくなに広告だけをやりましょうというのは、そのチャンスをわざわざ自分から手放しているように感じます。

本田　よく「メーク・カンバセーション」と言われます。会話を作る、という意味です。今やソーシャルメディアでもリアルでも、会話にならないものは、スルーされて認識・認知されません。昔は新車が出るたびにニュースになりました。それが学校で話題になったりもした。つまり、広告であっても会話になったわけです。今でもｉＰｈｏｎｅの新製品くらいはニュースになりますが、これだけ商品も情報も多様化して、コモディティ化して、企業からのニュースリリースが垂れ流しのように出てくるという状態では、製品・サービス自体のニュース性は、ほぼゼロに近いわけです。なので、ますます話題化できるようなＰＲが、必要不可欠になっていると思います。

足立　メディアが多様化しているから、世代を超えて、みんなが同じ話題で会話するということがなくなってきていますよね。たとえば、同じ日の同じ時間、日経新聞電子版とスマートニュースとツイッターではぜんぜん違うニュースが流れている。これは、いわば複数の世界が同時に存在している「パラレルワールド」です。見ている人の数が限定されているオンライン・メディアやソーシャルメディアは、広く知らしめるという効果は強くありません。なので、そこで話題になっていることを広くみんなに知らしめるためには、デジタルやソーシャルだけでなく、マスメディアでのＰＲがやはり有効なんですね。

本田　ソーシャルメディアで会話するためには、その元になるネタが必要です。実は、ソーシャルメディアで一番シェアされやすいのは、マスメディアのニュースです。ニュース

ベストセラー『戦略PR』を著した本田さんの最新作、『戦略PR 世の中を動かす新しい6つの法則』。従来の社会常識に挑み、「買う理由」をつくりだす6つの黄金律を紹介する（2017年、ディスカヴァー・トゥエンティワン）。

のシェアに自分のコメントをつけることで会話が始まって、話題化していくというパターンがとても多い。そのニュースも「この記事、私も見た」あるいは「見た気がする」というレベルのものが話題化しやすくて、「何それ、ぜんぜん知らない」というものは、話題化しません。

ただ一方で、PRの現場の動き方でいうと、たとえば、雑誌編集者や新聞記者に記事を載せてもらうために、「今ツイッターでこんなふうに話題になってます」といったことを伝えるわけです。つまり、エコシステムじゃないですが、マスとソーシャルの間をグルグル回っている感じなんですね。なので、最初はツイッターで火種を作った、それをニュースメディアで記事にしてもらって、そのニュースをソーシャルメディアで広くシェアしてもらって、それを見たテレビが取り上げるといった流れを作ることが、話題化のために必要な仕掛けだと思います。

足立　「インフルエンサー・マーケティング」というのが、インスタグラマーだ、ユーチューバーだ、という話だけになっていて、それ

は大間違いだと思っているのですが。

本田　そもそもインフルエンサーを使うことが目的ではありません。マーケティングというのは「何を解決したら、売れるようになりますか」なんですね。会社やブランド、製品やサービスに、なにか足りないものがあるから、売れていないわけです。たとえば、「今足りないのは、みんなに共感してもらうことだ。それさえ作れたらもっと売れるはずだ」ということを認識していたら、「共感系」のインフルエンサーであるインスタグラマー、ユーチューバーでいいと思います。この人たちはフォロワーとの共感性が強いので共感の輪が広がる、いいですねと。ところが、「このブランドは今信頼性が失われています」とか「認知は広がっているけど、それって本当なの?」と思われている場合は、共感系ではなく、「事実系」のインフルエンサーを使わなければいけないわけです。事実系というのは世の中的に信頼を得ている専門家のことです。たとえば、このブランドの信頼性に必要なのは栄養士であれば、インスタグラマーではなく、栄養士というインフルエンサーを巻き込むPRの戦略を考えなければいけません。そこで信頼性を作ってから、インスタグラマーなりに行くなら行けばいいわけです。やはりマーケティング上、何が自社の課題になっているかという問いが先にあって、それに対して、何をどう活用するかなんです。

足立　よくありがちな「競合がやっているから、うちもやらなければ」という発想自体が間違っていますよね。特にPRの場合、競合と自社の課題はまったく関係ないですから。

本田　話題作りはコピペできませんからね。「競合がこういうことで話題化させたから、うちも」となった時点で、判断ミスでしょう。

ただし、まったく違う業界のＰＲは参考にすべきだと思います。業界３位の会社なら、他業界で同じような立ち位置の会社の話題作りの成功事例を見てみる。または、同じ年齢層やターゲットを狙った他業界のＰＲの成功事例を集めて、何がどれくらい、どのような流れで話題になっているのかを分析するのも有効です。市場シェアよりもターゲットにおける「話題のマインドシェア」をモニターしていくことが、とても大事な時代になってきていると思います。

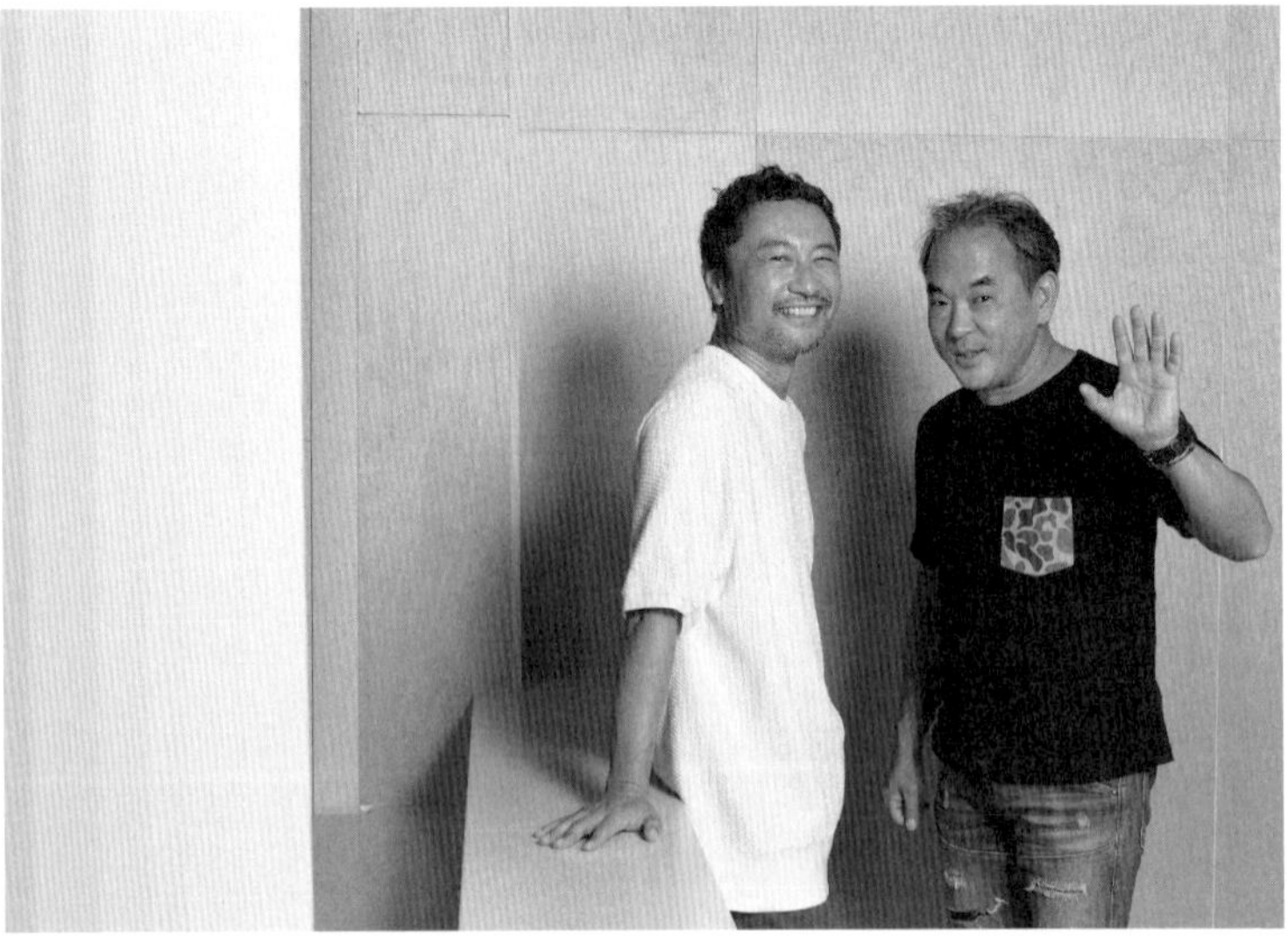

PART

4

Sales Promotion,
Other Marketing
Activities

販売促進・
その他のマーケティング活動

Chapter 16

CONSUMER PROMOTION

第16章

消費者プロモーション

量販店のポイントや航空会社のマイレージなど、特典を提供してリピーターを確保するロイヤルティープログラム、生涯価値（ライフタイム・バリュー）を最大化するCRM、解析することで効果・効率の高いマーケティングができるというビッグデータ……それぞれの有用性について解説します。

?

ロイヤルティープログラムは付加価値を提供する

継続促進プロモーションの代表例は、よく自社の製品やサービスを利用していただいているお客様に対して、「特典」を提供してリピートを確保する、いわゆるロイヤルティープログラムです。量販店のポイントや航空会社のマイレージといったプログラムがわかりやすいでしょう。

たとえば外食でも、KFCが「チキンマイル」というロイヤルティープログラムを開始しました。スマホにケンタッキーのアプリをダウンロードしておくと、KFCで商品を購入するたびにポイントがたまって、ポイントがたまるほど何か優遇があるとか、支払いで割引になる、というサービスです。モスバーガーも「MOSカード」の提示でポイントがたまり、優遇されるという同様の施策をやっています。

ただ、気をつけなくてはいけないのは、こうしたロイヤルティープログラムは、単なる「既存のロイヤルユーザーへの割引」になりかねません。言うまでもなく、ロイヤルユーザーというのは企業側から見ると「一番収益性（額）の高いお客様」です。そのお客様に継続的な割引を行うかどうかは、ロイヤルティープログラムを実施する前に、本当に長期的に収益の向上につながるのか、提供する割引や特典は、そのプログラムによる購買・来店頻度の向上に対して見合っているものなのか、一度はじめると止めるのが難しい施策でもあるので、よく検討した方がいいと思います。

ロイヤルティープログラムとして秀逸だなと思うのは、「いきなり！ステーキ」です。いきなり！ステーキの「肉マイレージカード」は、食べた肉のグラム数がポイントになって、ノーマルからゴールド、プラチナ、ダイヤモンドと、カードのランクが上がる仕組みになっています。つまり、お客様同士の「競争」を促進する仕組みがあるのです。食べた量を競い、「名誉」を得ることで、文字通りのロイヤルティー（愛着）も上がるかもしれません。

ランクが上がったときに、3000〜1万円のクーポンがもらえるのですが、たとえばプラチナカードになるためには、肉マイレージ2万グラム（1食200グラムなら100回）が必要です。これだけの量・回数を食べなくては達成できないレベルなのにもかかわらず、特典は誕生月にステーキ300グラムのプレゼント、毎回ドリンク1杯無料、だけなのです。大きな割引をすることなく、金より名誉を提供することで、「ファンづくり」につながるロイヤルティープログラムと言えるでしょう。

またスターバックスのロイヤルティープログラムも、なかなか秀逸です。アプリにクレジットカードなどを登録しておくことで、アプリで支払いもでき、ポイントがたまると会員だけの特典（多くは割引ではありません）の権利がもらえ、しかもアプリのユーザーインターフェイスもスターバックスのブランドを強化するような優れたデザインになっています。

このように、ロイヤルティープログラムは、単に割引や特典を提供するだけでなく、それ以上の価値を提供しないと、大きな効果は期待できない、と考えるべきでしょう。

普通のCRMでは差別化にはならない

近年、多くのマーケティング担当者がCRM*に取り組んでいます。前出のロイヤルティープログラムも、このCRMのひとつの施策です。どの会社も、自社のお客様やポイント保有者の購入履歴や購買行動等のデータを活用して、お客様をつなぎ止めて、生涯価値（ライフタイム・バリュー）を最大化しようとしています。

端的にいえば、CRMとは「お客様各個人のデータを分析して、最適なお客様（ライト・ターゲット）に、最適な時（ライト・タイミング）に、最適な構築（ライト・オファー）をすることにより、購買頻度や単価を向上させる」ということです。多くのマーケティング本で、このようなCRMが魔法の杖かのように讃えられていますが、実はCRMで継続的に、経営にインパクトのあるレベルの業績を出し続けている会社は、ほとんどありません。

ひとむかし前のデパートでは、多くのお客様が会員登録しており、会員が何を購入したかも、本人の誕生日から、もしかすると家族構成までわかっていて、電話やDMなどで熱心にCRMをやってきました。ところが、業界の右肩下がりに歯止めがかか

* Customer Relationship Managementの略。顧客関係性マネジメント。

らない状態です。

また、逆の例になりますが、アマゾンのレコメンド（おすすめ）機能は、いかにもCRMをやっているように見えますが、あれは購入した製品・サービスと、同じ製品・サービスを購入された他のお客様の履歴から、購入確率の高い製品・サービスを単純に推薦しているだけであって、本人の属性とは関係ありません。実はアマゾンは個人情報を取得していません。つまり、アマゾンは初めから、この章で定義するところのCRMを放棄しているわけです。

消費者の立場で考えたらよくわかると思います。マーケティング担当者の皆さん自身も、ポイントカードをたくさん持っているはずだし、ドラッグストアや航空会社、アパレルブランド等のロイヤルティープログラムのメンバーになっているでしょう。さて、これだけたくさんの会社のCRMに組み込まれているはずなのに、あなたの実際の購買にすごく影響した効果的なオファーが、最適なタイミングで来たことが、実際にありましたか？　答えは、おそらく「ほとんど、ない」だと思います。

もちろん、CRMについて「やらなくてもいい」「今すぐやめなさい」と言っているわけではありません。どの企業も行っていることなので、自社だけやらないと競争上の不利益になる可能性があるからです。ただし、**CRMでは継続的かつ大きな競争**

優位は築けない、ということです。他社がやっていることを同様にやったとしても、差がつかないですし、差がついたとしても、多くはすぐにまねされてしまいます。

ＣＲＭという活動自体は、江戸時代に商店がお得意様に割引を行っていたというように、昔からあるものです。またＣＲＭという言葉自体も、もう約20年前から存在しています。近年、インターネットの発達等により個人のデータを取得できる機会が増えたため、ついにＣＲＭが実現できるということで、そのコンセプトが再度脚光を浴びていますが、残念ながらＣＲＭは魔法の杖ではありません。

また、ＣＲＭを実行するために、マーケティング・オートメーション（ＭＡ）や営業支援システム（ＳＦＡ）を導入する企業が増えているようです。

業界の中で、このようなシステムを導入しているのが1社だけだったのならともかく、全部の企業が同じような顧客データ関連のシステムを採用したら、どうなるでしょうか。極論すれば、これらのシステムは同じロジックで作られたものである以上、どの企業のマーケティングも同じロジックで、同じような施策になってしまいます。差別化にはなりにくいわけです。

顧客データ関連のシステムが有効なのは、マーケティングにかかわるバックオフィスを含めた作業の効率化や、施策の確率の向上（ただし、競合と同等レベルまで）でしかないと思います。

このようなシステムを使わないと、導入している競合よりも効率が悪くなる可能性があるので、負けないためにはある程度の導入が必要かもしれませんが、このシステムで勝てると思ったら間違いです。競合が同様のシステムを導入し、同じロジックで施策を実施するようになってしまったら、負けないかもしれませんが、勝てません。

本書で繰り返し述べているように、差別化こそマーケティングです。その意味でマーケティングオートメーション（ＭＡ）は、決してマーケティングではありません。差別化を考え出すのは、あくまでもマーケティング担当者の頭脳なのです。

？ やみくもにビッグデータ集めに投資すべきではない

ＣＲＭと同様の近年のマーケティングのマジックワードに、「ビッグデータ」があります。ビッグデータを分析するとより効果・効率の高いマーケティングができるというのですが、「こんなビッグデータをもとに、こんな施策を行ったら、消費者がこんなふうに動いた」という成功事例を、単発ではなく継続的に出し続けている会社は、残念ながら、まだ聞いたことがありません。

実は、この手法が有効だという明確な確証とアイデアがないまま、どの企業も「ビッグデータはいずれ成果を上げる」と信じて、必要かどうかもわからないデータを蓄積している、というのが現実だと思います。

すべての来店者のデータ、どこの店舗で何を買ったかなどを100%把握したとして、どんなオファーをしたら効果的なのか、はじき出せるでしょうか。ビッグデータの分析結果が「2カ月来なかったからリマインドメールを打ちましょう」だとしたら、それは誰でも考えつく、ビッグデータなどいらない初歩的な方法です。

基本的には、信じないものに投資をしないほうがいいと思います。当たり前ですが、データを蓄積するには費用がかかります。マーケティング担当者は、ビッグデータによって可能になる施策が具体的に見えていて、かつよほど自信がない限り、安易に貴重なマーケティング費用をデータの蓄積のために使わないことをおすすめします。

マクドナルドの来店者は1日200万人以上ですから、その顧客データを蓄積するだけでも、途方もない費用がかかります。どんな効果があるのかが具体的に想定できないものに大きな投資をするべきではないと考え、日本のマクドナルドでは、（しばらくは）データを活用したロイヤルティープログラムはやらないという判断をしました。

実際、消費者の購買データの分析ができたからといって、成果が上がるというわけではありません。たとえば、ある大手の外食チェーンではポイントを使う・貯めるお客様が6割を超えています。つまり、6割超のお客様については、誰がいつ来店して何を食べたかなどが詳しくわかっているわけです。そのデータを分析して施策を打っているにもかかわらず、業績は低迷しています。

自社の購買データを蓄積して分析して施策を打つことで差別化できるという発想には、どうしても疑問符がつきます。そもそも自社データだけを集めても、消費者全体の購買行動からすると○・○○何%にしかなりません。店舗に来たか・来ないか、来た人が何を買ったか・買わなかったかといった特定の属性情報だけがあったところで、あまり有効なマーケティングの施策は打てません。つまり、自社データというのは圧倒的にカバーしている範囲が狭いのです。

また、自社のデータをどんなに分析してみても、先に述べたように、そもそもCRM的な施策のアイデアは限定されています。たとえば、「(メールで) 案内を送る」「購買時にレジで (上顧客は) 特別割引をする」といったサービスは、江戸時代の昔から同じようなことが行われてきました。お客様にお土産的なものをあげるとか、店舗の催し物の案内状を出すというようなことも同じです。

顧客データを分析しても、本当に顧客に効く、差別化になるような新しいアイデアは生まれにくいのが現実です。もっと広いデータなら役に立つだろうということで、グーグルやヤフーが持っているデータなどを活用している企業もあります。

特にヤフーは検索や広告のデータだけでなく、ヤフーショッピングのデータも持っているので、何らかの役に立つ可能性もありますが、それでも消費者の全体の行動や購買からすると、ごく一部でしかありません。

実際、まだそうしたビッグデータを生かした、継続的な成功例が出ていないのが現状なのです。たとえば消費者全体の購買行動の7割をカバーするような、ちゃんとIDで個別に全部管理されたビッグデータがあったら、もしかしたらまったく新しいマーケティングができるかもしれませんが、プライバシー保護などの問題があるので、実現することはないと思います。

競合に負けないためにも、またクーポンの使用頻度を上げるなどのオペレーションの改善のためにも、データの蓄積・分析はある程度はやるべきですが、現状では、どのように使えば効果があるかわからないのにある施策・ビッグデータ集めに大きな投資はすべきではないと思います。

Chapter 16

絶対原則

ロイヤリティープログラムでは、
割引ではなく付加価値を提供する

CRMは、オペレーションの改善や、
競合に差をつけられないために有効だが、
継続的かつ大きな競争優位は築けない

自社の購買データだけでは、
本当に有効な施策は打てない

マーケティング・オートメーションは
差別化にはなりにくい

有効なアイデアや仮説がないまま、
ビッグデータを集めるのは無駄な投資

Chapter 17

SPONSORSHIP & ALLIANCE

第17章

協賛／戦略的提携

「いい会社」というイメージの面で競合に負けないためには、協賛やCSR活動や慈善活動・地域貢献はある程度は行うほうがよいのは間違いないでしょう。また、他の企業との提携・コラボレーションは、必ず考えなければいけないことです。どことどのように組めば良いのかを、考え続ける必要があります。

？ スポーツやイベントの協賛をすべきか

何かのイベントやスポーツ大会に協賛金を出して、スポンサー企業のひとつになる「協賛」は、マーケティング担当者なら誰もが憧れる施策ですが、「製品やサービスを売る」という観点からすると、多くの場合、ペイアウト（費用と同額の収益の獲得）をすることはありません。

会社やブランドのPRと考えて協賛するのでしょうが、たくさんある協賛企業の中のひとつになって、立て看板やポスターに企業名が載ったくらいでは、ほぼ誰も認知してくれません。皆さん、自分が最近行ったコンサートやスポーツイベントでどんな企業がスポンサーだったか覚えているでしょうか。おそらく、企業名が前面に出ているような冠スポンサー以外の名前は、答えられないでしょう。

マーケティング担当者のところには、その手の売り込みがたくさん来ますが、ほとんどの協賛は商売的にはまったく採算が合いません。なので、**その協賛が戦略的やブランド的に重要でもなく、かつ資金に余裕がなかったら、あまりおすすめしません。**

スポーツチームを持っている大企業は少なくありません。たしかに、日常的に使うようなブランドの「リマインド効果」や、ブランドの全国的な認知獲得のためには、一定の効果があります。

プロ野球の球団やJリーグのユニフォームに企業名がでかでかとプリントされて、企業名がスポーツニュースなどで連呼されたりするなら、たしかに知名度は大幅に上がりますし、ブランドイメージにもプラスかもしれません。でもビジネス的に、それ以上の大きな意味や効果があるのかは疑問です。

ブランドの知名度はたしかに重要ですが、そのブランドがより売れるかどうかは、必ずしも比例しません。ブランドの知名度がほぼ100%でも倒産した企業はたくさんあります。名前だけ知られていても、何を売っているブランドかわからない、かつ実際の製品やサービスによいイメージがない場合には、まったく無駄な投資です。

たとえば、楽天はプロ野球とJリーグのオーナーに加えて、サッカーのスペインリーグ「バルセロナ」のメインスポンサーになったり、米バスケットリーグ・NBAの「ゴールデンステート・ウォリアーズ」とパートナーシップを結んだりしています。

日本発の企業が世界の錚々《そうそう》たるスポーツチームに協賛しているのは誇らしいことですが、実は欧米では、今のところは楽天のサービスはまだあまり普及していません。つまり、企業名をユニフォームで見ても、何をしているブランドかわからないし、わかったとしても使うことができない、という状態なのです。多分、今後の欧米での楽天のビジネス展開を踏まえての決断だと信じていますが、ぜひこの大きな投資が生きるよう、今後の展開を期待したいところです。

スポーツチームを持っていること自体は、ビジネスには直結しません。日本のプロ野球では、成功例は読売巨人軍くらいでしょう。読売新聞を定期購読すると巨人戦のチケットがもらえて、新聞紙面で巨人軍を大きく取り上げたり系列の日本テレビで試合が放送されたりすることで選手がスターになって、そのスターが出る読売新聞や日本テレビにもプラスの影響がある、という好循環を作り上げました。

それに比べて、他のプロ野球の球団はどうでしょうか。皆さんのご自身の感覚を思い出していただきたいのですが、地元の球団を持っている会社を応援するということ以外に、球団を持っている企業について、何か購買の意思決定に恒常的な影響があったでしょうか?

チーム名に企業名が入らないJリーグやBリーグのスポンサー企業のように、地元への貢献や応援という意味合いで続けているケースもあるでしょう。また、メジャーな企業だと思われることで、就職志望者が集まりやすくなったり、従業員たちのモチベーションアップにつながったりということもあるでしょう。でも、新日鉄釜石は日本で一番強かったラグビーチームを廃部にしましたし、ダイエーも強かったプロ野球チームを手放しました。極論ですが、スポーツチームの協賛は、資金に余裕がある時にのみできる施策なのです。

また、「その活動をすること自体が、自分たちの作りたいイメージのひとつ」と戦略的に考えた上でのことなら、冠スポンサーやスポーツチームのオーナーになるというのもありかもしれません。そのイベントやスポーツのファンの人たちが、自分たちのブランドに親近感が湧く、ということもあるでしょう。

たとえば、マクドナルドは「小学生の甲子園」とも呼ばれる「高円宮賜杯《たかまどのみやしはい》 全日本学童軟式野球大会 マクドナルド・トーナメント」に30年以上も協賛しています。野球選手にはマクドナルドが好きな人が多いという話を聞いたことがあるでしょう。その理由は明確で、この学童野球1万2000チームの頂点を決める全国大会を協賛しているからです。全国大会に向けた都道府県代表の団結式も、各地域のマクドナルドの店舗で行われるのが恒例です。出場51チーム全員のユニフォームの袖には、赤地に黄色のあの「M」のワッペンがつけられます。なので、学童野球の経験者でマクドナルドを知らない人はいないだろうし、いわば憧れのブランドとして、少年時代の大きな思い出のひとつにもなっているはずです。

近年では、飲料メーカーのレッドブルがマーケティング的な協賛の成功例としてよく知られています。スポンサーになっているF1や小型飛行機のアクロバティックな国際レース「エアレース」、障害物コースを疾走するスケートレース「クラッシュドアイス」などが、その特長的なエナジードリンクの「エクストリーム」(先端の、過激な)というブランド力を高めているというわけです(15年以上続けたこの「エアレース」は2019年限りで終了してしまいましたが)。エクストリームなブランドだから、エクストリームなことをやっているわけです。

そうした認知は、たしかに世界的に定着しているでしょう。

マクドナルドやレッドブルの協賛の成功は、やはり例外だと思います。ブランドと本当に直結している協賛は、ほとんど見当たりません。

たとえば、日本のゴルフで○○クラシック、○○レディースとスポンサー企業の名前を冠したトーナメントがあります。接待としても有用と考えている企業も多いでしょう。しかしプロ・アマ戦でコースを回れる人はせいぜい100人くらいで、その接待のために毎年何億も使うのは、投資効率という意味では疑問です。全国的な認知を獲得できるといっても、スポンサー企業の多くはすでによく知られている企業ばかりなので、協賛に付加価値的な貢献は薄いと考えざるを得ません。

最近でも企業が協賛する例は少なくありません。たとえばミクシィは、すでにBリーグの千葉ジェッツとJリーグのFC東京のスポンサーでしたが、さらに最近になって、プロ野球の東京ヤクルトスワローズのスポンサーにもなりました。スタジアムなどのネーミングライツもそうです。最近、渋谷公会堂が「LINE CUBE SHIBUYA」になりました。多分、それぞれに何か戦略的または社会的な目的があってのことだと思いますが、費用対効果を厳密に追求する一般的な企業のマーケティング担当者の施策としては、あまり検討しなくてよいと思います。

マーケティングとCSR活動

近年、CSR*が注目されるようになってきました。法令を守るだけでなく、人権に配慮した働き方、消費者への適切な対応、環境問題への配慮、地域社会への貢献、社会的な説明責任などを行う企業活動が、いわゆるCSR活動です。ただ日本では、本来のCSR活動とは別に、社会貢献的な活動がブランディングやPRに結び付くものとして、マーケティング担当者の課題のひとつとして語られることが多いようです。また、企業の慈善活動と混同されてもいるようです。

この本は、あくまでも日本のマーケティング担当者向けなので、あえてその文脈で解説していくことにしましょう。

今は「いい会社」という企業イメージがとても大切な時代です。ビジネス以外でも善良な活動をしている会社であることが、売り上げや株価やリクルーティングに関係してきます。逆に本業に関係ないことでも「悪い会社」という評判が立つと、ビジネスそのものに悪影響がおよびます。なので、「いい会社」というイメージであり続けることが、企業の課題のひとつになっているのです。

＊ Corporate Social Responsibilityの略。企業の社会的責任。

ですから、今多くの企業がＣＳＲ活動をやっています。ただ現実的には、やっていることが地味すぎて、自分の会社がいったいどんなＣＳＲ活動をしているのか、社員ですらよく知らないという状況です。それでは何のイメージ作りにもなりません。

「いい会社」というイメージの面で競合に負けないためには、ＣＳＲ活動や慈善活動をある程度はやったほうがいい、ということには間違いありません。ただし、やればいいということではなく、「どこと組んで、どの程度の規模の認知をとるか」がとても重要です。自社のブランドや製品・サービスの提供価値に関係ない企業と組んで、地味にやっていても意味がないわけです。やはりベストは、ビジネスと結び付くような、または企業や製品・サービスのブランドのイメージを強化できるようなＣＳＲ活動だと思います。

成功例を挙げるとしたら、ミネラルウォーター・ボルヴィックの「1ℓ for 10ℓ」でしょう。ボルヴィック1リットルを買うと、アフリカのマリ共和国に、清潔で安全な水10リットルを生み出すための支援金が送られるというキャンペーンで、10年ほど続きました。

その支援金はユニセフを通じて、マリでの井戸作りだけでなく、衛生面の啓発活動などにも使われたのですが、「社会貢献として、水の会社が水を寄付します」というメッセージは、製品そのものと直結していて、プロモーションとしてもすごくわかりやすかったわけです。

また、ヘア・コスメティックブランドのシュワルツコフ・プロフェッショナルは、2008年から「認定NPO法人 国境なき子どもたち」と組んで、カンボジアに日本の経験豊富な美容師たちを派遣して、現地の青少年に美容技術を教える「未来をつなぐ夢はさみ」（Shaping Futures）という自立支援プロジェクトを続けています。これは美容業界におけるCSR活動の先駆けでした。日本法人が世界に先駆けて開始した活動でしたが、今ではシュワルツコフ・プロフェッショナルの世界的な活動となり、世界中の美容師がインドやペルーなど20カ国に派遣されるまでになりました。この美容を通じて世界に貢献しようという活動は、見事にブランドのイメージアップにつながったわけです。

せっかく**CSR活動をやるのであれば、このようにビジネスと一体的に、かつ広く認知されるような大きな規模で継続的にやったほうがいい**と思います。まったくブランドに関係ない分野で社会貢献しても、消費者には何も伝わりません。ブランドの価値にも認知にも影響しないし、ユーザーも増やさないので、CSR活動自体がただの自己満足になってしまい、あまり意味がないのです。

もちろんCSR活動は、競合に勝てるような差別化には直接的にはつながりません。ご自分の普段の買い物を思い出してください。スーパーでお酒やお菓子を買うとき、「この会社は社会貢献をやっている会社だから、こっちを買おう」などと意識して買うことは、多くはないと思います。よほど効果的な活動ではない限り、CSR活動がビジネスそのものに大きな影響があるということは、残念ながら期待できません。

CSR活動のうち、「地域社会への貢献」はビジネス面での成果はあまり期待できませんが、リクルーティングには圧倒的に有効です。

地元で「いい会社」と認識されると、そのエリアで「あの会社に入って働きたい」という人の数が確実に増えます。東京では企業がたくさんあるので、そうはいきませんが、地方は企業の数が圧倒的に少ないので、他よりも「いい会社」と認識されると、それだけ「いい人材」が集中するわけです。

地方の企業はもちろんですが、東京の企業であっても、地方に工場や営業所があって地元採用の人数がある程度必要な場合には、その地域社会に貢献することはおすすめです。プロモーションなどもからめて、「おらが町の会社」という企業ブランディングができると、リクルーティングという意味ではとてもプラスの効果があります。

戦略的提携は積極的に

他の企業や組織と提携する、あるいはコラボレーションするというのは、**自分たちのブランドや製品・サービスに興味のない、まったく違う「お客様」にリーチできる効果的な方法**です。かつ、お互いにブランドの価値を飛躍的に高めることができる場合があります。

他の企業とのコラボは、今この瞬間、マーケティング担当者なら必ず考えなければいけないことでしょう。いい会社と組んでいいことをやると、ビジネス的にも飛躍的に伸びるわけです。

わかりやすい例は、ポケモン社とナイアンティックでしょう。ナイアンティックがポケモンというIP（知的財産）を使用して「ポケモンGO」というスマホ向けゲームアプリとして開発・リリースすることによって、ゲームボーイやニンテンドーDSのゲームソフト「ポケットモンスター」をまったく知らない、今でいうと40代後半以上の世代、子どもや孫はやっているけれども自分は興味がないという人たちにまで、ポケモンの認知が圧倒的に広がりました。

ナイアンティックとしてもAR＊という市場が一気に拡大しました。もともとナイアンティックはグーグルの社内スタートアップで、位置情報アプリや位置情報ゲーム「イングレス」をつくっていたチームが独立したベンチャーです。なので、小さいとはいえ、その分野では世界一というような技術を含めたノウハウがあったわけです。規模の大小に関係なく、いい会社と組むとお互いウィン・ウィンになるという、まさに近年の代表例だと思います。

テクノロジーなどの「変化」が急速な、またそもそも「業界」という垣根が崩れている現在においては、自社だけでタイムリーに全部できるということは難しいわけです。なので、負けないためにも、勝つためにも、どことどのように組めば良いのか、を考え続ける必要があります。

もちろん、提携やコラボがうまくいかないケースもたくさんあります。その多くが、「この会社から、こんな提案をしてきた。どうしよう?」という「受け身」のコラボや提携だからです。やはり成功させるには、マーケティング担当者が「この人たちにこういう製品やサービスや、こんな新しい価値や経験を提供したい。そのためにはどこと組んだらいいのだろう」ということを、常に戦略的かつ継続的に考え続けて、こちらから能動的にアプローチし続けることが必須だと思います。

最も実現しやすいし、実例も膨大にあるのは、ブランドコラボ商品やダブルブランド商品を出すという組み方です。お互いのブランドのユーザーにリーチできるので、お互いのユーザー層を広げるメリットがあります。

製品・サービスや業界の違いに応じて、他にもさまざまなかたちのコラボが考えられるでしょう。たとえば日本のマクドナルドは、ポケモンGOリリース時に世界で唯一のコラボ先（パートナー）となることによって、日本全国の店舗すべてが「ジム」や「ポケストップ」としてゲーム中に登場するようになり、多くのポケモンGOのプレーヤーが店舗に押しかけました。まさにウィン・ウィンのコラボです。

ブランドという単位でも会社という単位でも、どこと組んだら自分たちの持っていないところが補えたり、新しいユーザーを増やすことができて、ビジネスとして成功できるのかをアクティブに考えることが、ますます求められていると思います。

＊　Augmented Realityの略。拡張現実。

足立×土合

COLUMN 05

ビジネス的には「スポンサー」は無意味

足立　コカ・コーラはオートバイレースの「鈴鹿8耐」（FIM世界耐久選手権最終戦〝コカ・コーラ〟鈴鹿8時間耐久ロードレース）のスポンサーを長く続けていますよね。

土合　バイクに乗る人口が減っているので、ビジネス的には採算が合うかどうかは微妙なところにきているかもしれません。ただ、あれは真夏のレース中、1社独占で飲み物を提供できるわけです。なので、その大きな売り上げとコストを比べ、総合的な経営判断から、ずっと続けているのでしょう。

足立　タバコ会社でも似たような事情がありますね。タバコ会社は、けっこうクラブのダンスイベントのスポンサーをしています。スポンサーをすると、そのクラブでイベント中に買えるタバコは全部スポンサー会社のブランドになるわけです。みんなわざわざ踊りを中断してコンビニまで行かずに、そこでタバコを買うので、自社のタバコを体験してもら

えるという、明確なメリットがあるわけです。

土合　マクドナルドもそうだし、コカ・コーラもそうですが、オリンピックやワールドカップの協賛をやっています。どう思いますか。

足立　マクドナルドは、長い間オリンピックやサッカー・ワールドカップのスポンサーをしてきました。マクドナルドが世界に拡大していく時代には、ブランドの知名度や安心感を確立するためには意味があったでしょう。ただ、現在では世界中の誰もがマクドナルドを知っているようになったこともあるでしょうが、マクドナルドは2018年の平昌《ピョンチャン》オリンピックを最後にオリンピックの協賛を終了しました。コカ・コーラは、やはり鈴鹿8耐と同じように、会場でコカ・コーラ製品を独占的に販売できるというメリットがあります。いろいろな人が、コカ・コーラが提供するブランドを飲んでいい体験をするということには意味があると思います。だから続けているのでしょう。

土合　そうするとスポンサーシップは、ある程度の売り上げにつながるか、またはブランドエクスペリエンス（ブランド体験）の強化につながるか、そのどちらか以外は意味が少ないということですね。たとえばレッドブルの「エアレース」も、ブランドのバリューである「エクストリーム」を体験してもらって、それを

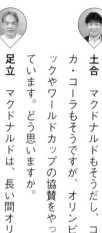

広めようというタイミングにおいては意味があった。けれども、それがある程度浸透したら終了するというパターンです。

足立　そうした判断は、投資対効果を考えるビジネスという意味では、当たり前の話でしょう。でも、たとえば、東京オリンピック限定のスポンサーというので、コクヨとかアース製薬とか、いろいろな日本企業が名乗りを上げました。「きちんとした会社」ということを示したいからだと思うのですが、そのような会社は、もう誰もが認めている「きちんとした会社」なんですよね（笑）。

土合　「きちんとした会社」でなければ、スポンサーに必要な金額は払えないし、そもそもスポンサーになれないでしょう。

足立　だから、ビジネス上の効果はあまり期待できないかもしれませんが、社員の会社に対する満足度を高める効果はあるでしょうね。「オリンピックのスポンサーをやっている会社なんです」と説明できるとか、「オリンピックを生で見に行けるかもしれない」とか。

土合　ただ、CSRとか社会貢献的なバリューは、オリンピックやワールドカップだったらあるのではないでしょうか。

足立　「あるかも」というレベルでしょうね。たとえば、同じ業界に東京オリンピックのスポンサーをやっ

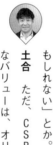

ている会社Aと、スポンサーではない会社Bがあります。そこで、社会的な評価は違いません。あまり関係ないでしょう。

土合　基本的にはそうだと思います。でも、スポンサーシップがまったくなくなったら、できなくなることもいっぱいあります。たとえば、美術の展覧会とかも減ってしまうだろうし、スポーツのイベントもかなり減って、アメリカのプロリーグのチームを呼ぶこともなくなる可能性があります。マーケティングのバリューとは別に、社会に貢献するのが企業の使命のひとつという意味で言うと、社会のために税金を払うことと同様に、こういった活動にお金を使うことも悪くないということになる。そこは、マーケティングの効率性とは別の問題として考えなければいけないのでしょう。

足立　それをできる状況と余裕があれば、「どうぞ」という感じですね。ただし、マーケティング的には、よほど考え抜いてやらないと、継続的な効果を出すことは難しいでしょう。スポンサーシップや協賛に関しては、投資効率性ではなく、別の目的を追求したほうがいい、というのがこの章の結論ですかね。

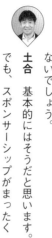

Chapter 17

絶対原則

スポーツやイベントの協賛では、
投資に見合う効果を得ることは難しい

目指すブランドイメージや世界観が近い
スポーツやイベントは、協賛を継続することで
そのイメージを獲得できることもある

CSR活動は、自社のブランドや製品・サービスの
提供価値に近い分野で、大きな露出があるものでなければ、ブランドイメージの向上には貢献しない

ウィン・ウィンになる戦略的提携を結ぶためには、
受け身ではなく能動的に、
ベストな相手を探し続ける

戦略的提携の魅力のひとつは、
違う分野の企業と組むことで、
お互いが違う消費者にリーチできるようになること

Chapter 18

EVENT

第18章 イベント活動

実際に自社イベントを行う場合、最も重要なのは「目的を明確化する」ことです。たとえば、たくさん売り上げを稼ぎたい、参加者に自社のブランドを体験してもらって好感度を上げたい、このイベントをマスメディアに露出したいなどさまざまな目的がありえます。目的を把握して、最適な手法を選びましょう。

? イベント活動は戦略的に

自社主催の「イベント」をやるか、やらないかを決めるときの判断基準は、基本的には2つしかありません。

まず、そのイベントには開催される地域だけでなく全国的な意味・影響があるか、そのイベントが話題やニュースになってどのくらい広がるかという点です。もうひとつは、そのイベントは自分たちが提供している製品やサービスのブランド価値やコンセプトと一貫性があるかという点です。一部のエリアに特化している地場企業を除けば、全国展開するほとんどの企業にとって、あるエリア1カ所または数カ所だけで行うイベントは、リーチできるユーザーもすごく限定的なので、投資対効果を考えたらほぼ意味がありません。ただし、一部の地域で開催されるイベントであっても、それがニュースや話題になってメディアやネット上で拡散していって、たくさんの人の目にとまるとなると話は別です。それなら意味のあるイベントといえるでしょう。

もう一点、「ブランド価値やコンセプトとの一貫性」の問題があります。イベントをやってその話題が広まったとしても、ブランド価値やコンセプトとまったくつながりがなく、イベントを主催した企業や製品のことがまったく触れられないというパターンがよくあります。これでは投資対効果は激減します。

あるパソコンメーカーは、スノーボード大会やダンスイベントのメインスポンサーをしていました。スキー場でも壊れない耐久性のあるパソコン、DJが使いやすいパソコンなど、イベントをする理由はあったのですが、本来のパソコンの提供価値とはぜんぜん一致しませんし、リーチできる人も少ないし、かつ来場者はどのメーカーがイベントのスポンサーをしていたかなど、ほとんど気にしていません。今では、そのメーカーはそれらのイベントのスポンサーをすべて降りてしまいました。

イベント活動が小規模であっても、そのイベント自体でリーチできる人たちの範囲でビジネスをやっていこうという企業にとっては、それも有効です。

たとえば、クラフトビール「よなよなエール」を製造・販売するヤッホーブルーイングは、工場のある長野県や東京で、半年に1回ほどのペースでファンの集い的な大々的なイベントを開催しています。そうしたイベントでロイヤルティーを高めてファンを増やして、自社の店舗などに誘導して、ビジネスを拡大していこうという戦略的な意味があります。実際、よなよなエールはそのやり方で、売り上げを着実に伸ばしていますし、そのファンづくりのマーケティングがユニークかつ効果的ということで、2018年の「コトラー賞」の最優秀賞にも選ばれています。

このような条件を満たさないイベントは、「資金の無駄づかい」だと考えたほうがいいでしょう。みなさんがどこかの企業が協賛しているイベントに行って、自分の購買行動が変わったかどうか振り返ってみたら、おのずと答えが出るはずです。

繰り返しになりますが、マーケティング担当者自身も消費者の一人なのです。自分が消費者としてどういう意思決定をしているのか。そこから考えることがイベント活動だけでなく、マーケティング全般に通じる基本中の基本だと思います。

イベントの目的を明確化する

実際に自社イベントを行う場合、最も大事なのは「目的を明確化する」ことです。イベントの目的といってもさまざまです。たとえば、たくさん売り上げを稼ぎたいとか、参加者に自社のブランドを体験してもらって好感度を上げたいとか、このイベントをマスメディアに露出したい等の目的があるでしょう。

また、イベントには3つの「ステークホルダー」がいます。①イベントに来るお客様、②メディア、そして③主催する企業やブランドです。なので、この3つの輪を考えたうえで、イベントの目的を明確にする必要があります。

つまり、イベントの目的は何なのか、ターゲットは誰なのかということを明確にして、**3つのステークホルダーのバランスをうまくとっていくということが、イベントを成功させるために重要**になります。

たとえば、テレビのバラエティー番組などに露出したいという目的で、映画公開にあわせた「レッドカーペット」のイベントを考えてみましょう。イベント自体はわずか30分で終了するものだとしても、「じゃあ、イベントの中のどこの場面や発言を切り取ってもらうのか」ということを、明確に計算しないといけないわけです。

テレビ局もメディアも、イベント全部を露出してくれるわけではありません。せいぜい切り取ってくれるのは1シーンか2シーンです。なので30分の中でも、どの部分を切り取ってもらえば最も映画の魅力が伝わるのか、どこに山場を持ってくるのかということを考えてイベントのプランニングをする必要があります。

ベストな映像にするためには、イベント出演者の立ち位置や順番、背景や装飾をどうするか、どの人にどういうセリフを言ってほしいか、来場者の反応をどのように見せるか、なども考えなくてはなりません。それらを全部考えた上で、マスコミに対して、**イベントの山場を切り取ってもらえるようにガイドする**わけです。

もちろん、「ここを出してください」と完璧にガイドしても、偶然、出演俳優の誰かがもっとおもしろいことを言ったりして、ドーンとイベント会場が沸いて、当初の計算とはぜんぜん違ったけれども最高の露出になることもあります。ただそれはあくまでも偶然です。緊張感のない、間延びしたイベントになったら最悪なので、まずは自分たちの狙いを明確にして、その通りに進行させることが重要になってくるわけです。

どんなイベントでも基本的には、自社の製品やサービスの価値を来場者に伝えるために行うものです。なので、その企業やブランドのコンセプトを伝えるということを中心にして仕掛けないといけません。単に「その場が盛り上がった」とか「大量に(関係ない場面が)露出した」というようなイベントでは意味がないのです。

? 来場者にメリットを提供する

来場者に関して一番大事なのは、何が来場者にとってのメリットになるか、そのイベントに来てくれるモチベーションになるか、をきちんと考えておくことです。

自分たちが伝えたいことと来場者のメリットは、必ずしも一致しません。なので、来場者は自分の貴重な時間を割いて、わざわざイベント会場を訪れるわけです。なので、自分たちが伝えたいことに加えて、イベントに来るメリットを提供しないと、当たり前ですが、来てくれません。何が来場者のメリットになるのか、徹底的に考えましょう。

特に近年の来場者の多くは、「ソーシャルメディアにアップして、人に伝える」ことを重視します。なので、そのニーズに応えるべく、イベントの来場者が写真や動画を撮って、ソーシャルメディアで「よかった」とか「また、行きたい」とか、ポジティブなコメントをアップできるようなポイントを設置しておくことが必須です。それがないと、来場者からのソーシャルメディアなどへのアップは期待できません。

「ブランドを体験する」という意味で、イベントはロイヤルティーやコミットメントを高めるために、今最も有効な手段だと思います。イベントが成功すると、来場者は「やっぱりこのブランドはいい！」「大好き！」となって、そのブランドに対するロイヤルティーやコミットメントがドンと上がります。

その裏返しですが、ちょっとでも「このイベントはダメだ」と感じると、そのブランドに対する評価も完全にネガティブに転じます。イベント会場でものすごく待たされた、トイレがすごく汚かった、みんながもらえるものが自分だけもらえなかった、係員の態度が最悪だったとか、そうしたネガティブな経験は必ずブランド離れを引き起こします。決して「でも、大好き！」とはならないのです。

本当にいいイベントは、ロイヤルティーやコミットメントを高める最良の「矛」です。ただ逆をやってしまうと、最悪の「盾」になります。何が何でも来場者に不快な思いをさせないように、しっかりプランニングしないといけないでしょう。

？「参加」と「限定」がイベント費用回収の鍵

「イベントはもうからない」と嘆いているマーケティング担当者が少なくありません。

場所代や人件費、造作物などに投資が重んで、どうしても赤字になってしまうことも少なくありません。「宣伝だから赤字になってもいい」と割り切れば続けられるかというと、やはりすぐ限界がくるわけです。この章の初めに述べたように、宣伝という面だけではイベントはリーチが少なすぎます。

ただ近年は、モノよりもコトの時代です。多くの人が惜しげもなく「いい体験」にはお金を使います。なのでマーケティング担当者は、赤字になると諦めるのではなく、イベント自体で投資を回収できるような仕組みを考えるようにしましょう。

たとえば、イベント限定の記念品はよく売れます。これは単なるモノではなく、コトをかたちにしたもの、いい体験を思い出させるものなので、やはり来場者は買いたくなるわけです。記念品はあくまでもイベントのプラスアルファですが、どうせイベントをやるならプラスアルファをちゃんと考えて、来場者がその場で何かを買いたくなる、またはネットにアクセスして関連商品を買いたくなるような工夫をできるだけしたほうがいいと思います。

「いい体験」という意味では、来場者が直接「参加できる」仕掛けも効果的です。たとえば、昔から音楽のコンサートでは、みんなが同じペンライトやタオルを振ったり、同じ身ぶりやかけ声で応援したりしています。あれは参加意識や一体感を高める仕掛けです。コンサートやスポーツ会場で同じTシャツやユニフォームを着て応援するのも一体感を感じたい気持ちの表れです。

映画のイベントでも、一般の来場者の方々にかけ声をかけてもらうことがよくあります。自分もその映画の宣伝担当だと感じていただけるように、「メディアに出ますので俳優さんと一緒に大きな声でお願いします」などとお願いするわけです。

そのイベント独自の「限定」感を強化したり、受け身ではなく自分も「参加している」と感じてもらうことは、近年のイベントでは成功させるために特に重要なポイントなのです。

「ポケモンGO」イベントが成立する理由

「ポケモンGO」は夏休み期間中、「GOフェスタ」というリアルイベントを開催していました。横浜で行われた2019年のイベントでは、期間限定で会場に出現するレアなポケモンを求めて、数万人ものプレイヤーが集まった一大イベントです。

GOフェスタに大勢の人が集まる理由は何でしょうか。「レアなポケモン」がお目当てなのは当然として、やはり、いろいろな人と一緒にポケモンGOをやるというライブ感や一体感を求めて来場しています。なので、プレーヤー同士でいろいろな偶然の出会いがあったり、新しい友達ができるような、参加意識を高めるような仕掛けを、GOフェスタではしてあります。また、参加者がソーシャルメディアにアップしたくなるような写真撮影のスポットもたくさんあります。イベント会場限定で販売する商品もたくさんあって、ほぼイベント期間中に完売します。メディアにもご来場いただき、イベント初日には専用の取材スペースを設けるなどして、きちんと取材してもらっています。つまり、この章で挙げたイベントを成功させるための要素は、ほぼ盛り込まれています。

同じ人気ゲームでも「モンスト」（モンスターストライク）は、4対4でバトルするイベントなどをやっていて、幕張メッセで全国大会のトーナメントがあったりします。その試合の様子は、ユーチューブで同時配信されているので会場に行かなくても見ることができるのですが、実はたくさんの人がわざわざ会場に足を運んで、床に座ったまま、熱心に試合を見るわけです。

つまり、モンストのようなゲームイベントのライバルは、もはやスポーツ観戦なのでしょう。参加意識という意味では、来場者もモンストのプレーヤーのひとりなので、もしかしたらスポーツよりも強いのかもしれません。

Chapter 18

絶対原則

イベントをすべきかどうかの判断基準は、
全国的な意味・影響と、
製品やサービスとの一貫性

イベントの目的を明確に定めることで、
お客様・メディア・自社のバランスや
イベントの詳細を調整できるようになる

自社の製品やサービスの価値を来場者に伝え、
メディアに取り上げてもらうためには、綿密な
シナリオを作成し、その通りに進行させることが必須

イベント来場者には、絶対に不快な思いを
させてはいけない。少しでも不満があると、
ブランド離れのきっかけとなる

参加者に特別な「経験」や「限定」を
提供することで、イベントの黒字化は難しくない

CONCLUSION

マーケティング・ゲームに勝つための最後の原則

最後まで読んでいただき、本当にありがとうございます。最後にごあいさつと同時に、自分にとって最も大事な最後の原則を書かせていただきたいと思います。

足立さんと僕は15年以上前に一冊の本を共同で翻訳しました。この本は大変示唆に富んだいい本だったのですが、なにしろ書かれた時からかなり時間がたっていますし、出てくる事例も海外のブランドばかりで日本人にはなじみのないものも多い。そこで、今回、あの本の良さを残しつつ、日本人のマーケティング担当者が実際に活用しやすい本を作ろうというのがこの本を書くことになったきっかけです。ですから、マーケティングの原理原則とともに、できるだけ具体的な事例を紹介しています。

平易な言葉で書いていますが、中身については、まだ他の本では書かれていないかなり最先端のラーニングや、これまで行われてきたマーケティングの常識に反するような、新しいルールについて書いていますので、この本でお伝えしたことを実際に実行しようとすると、関係者から横やりが入ったり、初めから簡単にはうまくいかないこともあるのではないかと思います。

かつてコカ・コーラの本社にセルジオ・ジーマンというCMOがいました。当時アメリカで最も有名なマーケターの一人であり、世界のマーケティングのグル（指導者）にも選ばれていた人です。頭の回転がとんでもなく速く、クリエイティビティに富んでいて、コカ・コーラのマーケティング担当者のだれからも尊敬され、また恐れられていた人です。

このマーケティングの天才が徹底的な消費者調査を行い、時代の流れを敏感に感じ取り、超一流のクリエイティブを使って新しい味のコカ・コーラを発売しましたが、大失敗に終わりました。その結果、発売を中止していた既存のコカ・コーラを「コカ・コーラ クラシック」という名前で発売しなおしたのです。すぐ失敗に気がつき、改善策を早急に実行した結果、このような失敗があってなお、長期にわたってコカ・コーラが世界のブランドランキングで常に上位を維持することができているのです。

仕事の中でジーマンさんから学んだことはたくさんありますが、その中でも特に今でも印象に残っている彼の言葉があります。それは「すべてのマーケティングは、テストマーケティングである」という原則です。マーケティングの活動において、すべてに成功することはできない。だからベストを尽くして実行し、うまくいかなければ、すぐに改善して次の成功を勝ち取ろう、ということです。

この本を読んでいただいたことが終わりではありません。むしろここからが新しい旅の始まりなのです。イノベーションや新しいやり方を始める時には、失敗やコンフリクトが常につきまといます。どうか負けないでください。最初からずっと勝ち続けるマーケティング担当者なんて、実際には一人もいないのですから。

2020年1月　土合朋宏

足立 光（あだち・ひかる）

（株）ナイアンティック シニアディレクター プロダクトマーケティング（APAC）。P&Gジャパン（株）、シュワルツコフ ヘンケル（株）社長·会長、（株）ワールド執行役員などを経て、2015年から日本マクドナルド（株）にて上級執行役員·マーケティング本部長としてV字回復をけん引。18年9月より現職。（株）I-neの社外取締役、（株）ローランド·ベルガーやスマートニュース（株）のアドバイザーも兼任。著書に『圧倒的な成果を生み出す「劇薬」の仕事術』、『「300億円」赤字だったマックを六本木のバーの店長がV字回復させた秘密』。訳書に『P&Gウェイ』『マーケティング·ゲーム』など。オンラインサロン「無双塾」主催。

土合朋宏（どあい・ともひろ）

一橋大学大学院商学研究科卒業。外資系戦略コンサルティングを経て、日本コカ・コーラ（株）に入社。16年間マーケティング本部で、世界初のライフスタイルやトレンドの調査部門の立ち上げ、ファンタ、アクエリアス、爽健美茶など既存ブランドの立て直し、綾鷹などの新製品開発などを指揮。その後20世紀フォックス ホームエンターテイメントに移り、代表取締役社長を務め、2017年より外資系映画配給会社で事実上のCMOとして全部門のマーケティングを統括。新市場創造型商品を研究する日本市場創造研究会の理事を歴任。訳書に『マーケティング·ゲーム』など。

世界的優良企業《せかいてきゆうりょうきぎょう》の実例《じつれい》に学《まな》ぶ「あなたの知《し》らない」マーケティング大原則《だいげんそく》

2020年1月30日　第1刷発行
2022年1月30日　第5刷発行

著　者　足立 光　土合朋宏
発行者　三宮博信
装　丁　天池 聖（drnco.）

発行所　朝日新聞出版
〒104-8011 東京都中央区築地5-3-2
電　話　03-5541-8832（編集）
03-5540-7793（販売）
印刷所　大日本印刷株式会社

Published in Japan by Asahi Shimbun Publications Inc.
ISBN 978-4-02-251635-0